LARGE  PRINT

SUDOKU

PUZZLES

MORE THAN 300 PUZZLES TO COMPLETE

Parragon.

Contents

Solving a Sudoku Puzzle

A sudoku puzzle grid is made up of 81 squares, formed into nine rows and nine columns, as well as nine boxes (each of nine squares):

The object is to fill every row, column, and box with nine different digits, like this:

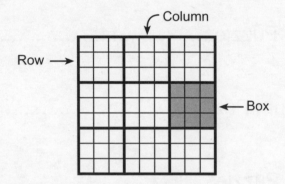

You don't need to be a mathematician to solve a sudoku puzzle—the skill is in deciding where the other numbers fit.

At the start of each puzzle, some of the numbers are already in place. Look at the grid to see if there are some numbers that appear more than others, and whether a particular number is missing from any row, column, or box of squares.

In the following example, the number 4 in the top right box of nine smaller squares can only be in one place: it can't be in the central column of the box, as there is a 4 already in the eighth column, nor can it be in the second or third rows of the box, as there are 4s already in the second and third rows, as you can see highlighted in the squares below:

1	3					6		
	4	7		1		8		9
			6	4	5			
7	5	3	1					8
	1		4		7		6	
9					8	1	7	2
			7	2	4			
5		6		8		9	4	
		8					1	3

The 4 must be in the first row and ninth column of the box:

1	3					6		4
	4	7		1		8		9
			6	4	5			
7	5	3	1					8
	1		4		7		6	
9					8	1	7	?
			7	2	4			
5		6		8		9	4	
		8					1	3

Then you could go on to think about where the 1 in the top right box might be. It cannot be in the first or second row (there are 1s already in those rows) or the seventh or eighth columns (there are 1s already in those columns), so it can only be in the third row of the ninth column. You would continue in this manner.

Sometimes you will need to pencil in a few numbers that are possibilities in order to be sure whether a number will fit and not cause problems later.

Above all, don't forget that these puzzles are designed to be entertaining. There is no time limit and while some will seem easier than others, your solving skills will increase as you work through the book. Have fun!

Easy Puzzles

No. 1

No. 2

		1	5	3				
6						7	1	8
	8	2	7				9	
3		4		5	1			9
		7	2		4	6		
5			3	8		2		1
	9				5	3	2	
7	4	5						6
				6	9	1		

No. 3

2	5					8		
			3	1	8			
	1	6		2		9		4
6	3	5			2			9
	2		6		1		8	
4			9			2	6	7
3		8		9		4	1	
			1	7	6			
		9					2	5

No. 4

8	9			3		5		6
	7	1						3
			9	2	4			
		3			7	4	5	1
	6		4		9		7	
7	4	2	3			8		
			5	9	6			
6						7	1	
3		8		7			9	4

No. 5

		1		3		4		
5		2		8		9		3
	4		2		7		5	
3		7	6		5	8		2
	2		1		3		6	
6		4	8		2	3		1
	9		7		6		3	
2		5		1		6		9
		6		2		7		

No. 6

	7		8			6		4
	3	6			5		1	
		5	1	4				2
3	6	9		7	8			
		2				5		
			4	6		3	9	8
7				3	1	9		
	9		2			1	8	
5		4			7		6	

No. 7

2				1		6	3	4
4			8	7	6			
9			2		3			
	9		3		7	4		
3		7				1		5
		4	1		9		8	
			5		8			1
			6	2	4			8
8	5	6		9				2

No. 8

			2			5	4	8
2	8				4		7	
		7		1	3			6
8		6		9			3	
	3		1		6		5	
	9			8		4		7
5			7	6		9		
	1		9				2	4
9	7	3			8			

No. 9

		9			8			
		1		3		2	6	8
		5	1	6				
5	9		4		7		8	1
4		6				7		2
8	2		9		6		3	5
				4	1	5		
1	7	2		9		8		
			7			3		

No. 10

6		5				2		
9			5		6			8
3				8	2	1	6	
	7	3		2	1			
	1		7		9		8	
			6	4		7	5	
	6	2	4	3				7
8			1		7			3
		9				5		4

No. 11

		1	3				6	
9				6	7		3	5
3			5			8	4	
	4			8		7		3
		8	4		1	2		
1		5		2			9	
	1	6			4			9
2	5		1	7				4
	7				8	5		

No. 12

7		8			5	9		
5			9	3			2	
		6	1				3	7
			3	7		4	1	8
2								5
4	8	7		6	1			
3	5				6	7		
	6			8	9			4
		4	2			1		9

No. 13

			6	5	7			
9	8			2		5		4
6						1	2	
	9		2			7	4	1
		6	5		4	2		
2	3	4			9		8	
	1	2						9
8		5		9			7	6
			4	3	5			

No. 14

5		3	8	4				
4			2		7	8		
		2	5			9		1
	9		4	3			2	
	3	4				1	6	
	8			2	1		3	
9		1			4	7		
		7	1		6			5
				9	2	3		4

No. 15

			7	3		2		
	6		1			4	8	
8	2	1						5
6				7	2	9		3
		5	4		9	1		
2		4	3	8				7
5						7	9	1
	4	3			7		6	
		2		5	6			

No. 16

9				4	2			
	8					9	1	7
6		1			7	5		
	2			1	4		9	6
7			3		6			8
3	4		9	2			5	
		5	2			6		4
2	7	3					8	
			5	8				9

No. 17

7		3	6			8		5
	2	5			3	9	7	
		1		5		3		
3	6		4	1				
2								9
				7	2		3	8
		6		8		1		
	1	8	5			7	4	
4		2			9	5		6

No. 18

			4	3	5	8		
6	4	8		1		3		
			6		8	9		
1			2		7		5	
	7	2				6	9	
	5		9		1			8
		1	3		2			
		3		9		5	4	2
		5	8	7	4			

No. 19

		9	1		5	8		
3	7			6			9	5
5				7				1
4	5		2		7		6	8
		7	6		8	5		
1	8		5		3		7	2
6				8				4
7	3			2			8	9
		4	7		1	3		

No. 20

4	1		3			5		
		6	1					
2				7	9		4	6
9	5		6				2	1
		2		9		8		
1	7				4		3	9
8	4		5	2				7
					7	4		
		7			8		6	3

No. 21

6		2		3		9		8
5	7			9	8			6
			4				2	
9	1	8			2	7		
		4				3		
		7	1			2	9	5
	8				5			
1			7	2			4	3
7		6		4		1		9

No. 22

	9		1		5	2	6	
		7		8				4
	4		2		3	9		
5		2			9		7	
	6			1			3	
	1		4			8		6
		5	6		7		4	
9				3		6		
	3	4	5		1		8	

No. 23

			8			4	9	5
	6			2	7	3		
4		8			5			6
1				4		6	5	
7			2		3			9
	3	4		1				7
2			1			5		8
		9	6	3			1	
6	7	1			4			

No. 24

3		2		7		5		6
6				2				1
	5		1		6		8	
1		8	6		3	2		4
	2		7		8		6	
9		6	4		2	7		8
	9		2		1		3	
7				8				9
2		3		4		8		5

No. 25

7		3		1	2			4
	6	2	4					9
		1	5				3	
		4		5			1	8
	5		2		4		7	
2	3			7		9		
	2				8	6		
8					3	4	5	
9			1	6		8		3

No. 26

1		9	5	2				4
					8		1	
	6				7	8		9
8		4			1	6		5
	3			5			4	
5		7	9			2		8
7		1	3				2	
	9		2					
2				4	6	9		3

No. 27

1	3				8	6		2
5					9	4		
	8		6	4		5	7	
		3		7			6	5
7			8		6			9
4	1			9		8		
	5	1		2	4		3	
		2	1					6
9		8	5				1	

No. 28

3		5	1		9	6		7
		6	7		8	5		
	1			5			2	
	9		5	8	6		7	
8		4				3		5
	5		4	3	7		9	
	6			7			8	
		8	3		5	2		
1		2	8		4	7		9

No. 29

	3			6	1	4		
5					4	2	9	
8	1		7					3
3	6	8	9	5				
	2						7	
				4	8	6	3	5
1					2		5	6
	5	9	8					4
		7	1	9			2	

No. 30

	5	1	2			9		
			3	5		6	2	
		9	8		1		4	
7			1	3				6
6		2				1		8
5				6	2			3
	2		9		3	7		
	4	6		2	7			
		3			4	5	1	

No. 31

			8	1		9		
2	4	3					1	
8			3			5		7
	5	2	9	3			8	
		4	2		7	1		
	3			6	5	7	9	
6		7			4			8
	1					4	6	9
		9		5	3			

No. 32

	2	9		8	4	3		
3		7		2		4		6
			1				5	
4			8			7	3	5
9								2
8	7	1			3			4
	8				2			
7		5		9		6		8
		6	5	7		1	4	

No. 33

		7			5			
		2		3		6	5	4
		1	2	4				
7	1		8		9		2	5
	8	4				9	6	
6	5		7		4		1	3
				8	2	1		
9	2	6		7		5		
			9			3		

No. 34

	2	6			9		1	
8						9	7	4
		3		8	1			
3		2	6	5				9
		8	2		7	4		
1				9	3	7		6
			9	6		3		
5	3	4						8
	1		4			2	5	

No. 35

			1					7
2	8			4	6		5	
	9	5		2		3	6	
		6	4			7	9	5
		8				2		
9	1	4			5	6		
	7	9		8		4	3	
	3		7	9			1	6
4					2			

No. 36

		8	4	5	3	7		
5		7	2			9		6
1			7				4	
	2				4			9
4		1				5		7
3			8				1	
	9				8			3
8		3			7	6		2
		6	3	1	9	4		

No. 37

	4			9	1		2	
6	1	8				5	9	3
		9			3	6		
	3				2	8		
8			4		6			5
		1	9				7	
		4	1			2		
1	5	7				4	8	6
	8		5	7			3	

No. 38

4		9			2	3		
	6					1	9	2
1				8	7			
	7			9	8		1	4
2			5		4			6
5	8		1	7			3	
			3	6				1
7	2	5					6	
		3	7			4		8

No. 39

1	9				5	4		
5				2	7		8	
		8	6			3	7	
2	8	4		5	3			
	6						1	
			9	4		8	2	3
	4	2			1	7		
	1		7	9				6
		5	3				4	9

No. 40

7		4		8		2		3
	3		5					
		2		7	4	6	9	
9					3	7	1	4
8								5
3	7	6	1					9
	5	8	9	3		1		
					6		4	
1		7		5		9		2

No. 41

2		2		8	4			1
9	3				2		5	
			7			6	4	2
4		9		7			2	
	1		8		5		6	
	6			2		8		7
7	9	1			3			
	4		9				7	3
8			6	5		4		

No. 42

8		5			1	6		7
		6	5	3	2	4		
	2				8			5
	7				4			2
4		3				9		1
5			8				3	
3			1				4	
		8	4	9	5	1		
9		1	7			2		6

No. 43

3		9		1	8		5	
					2		7	6
	5	2			3	9		
9	4		2			1		
8			4		5			7
		6			7		2	9
		3	5			8	4	
4	1		8					
	7		3	6		5		1

No. 44

5	3	4	6					
	7			2		9		3
1		2		7	5	8		
			2	1			4	
7	8						9	1
	4			9	7			
		9	4	5		6		7
6		8		3			2	
					8	3	1	5

No. 45

7			1	5			9	8
1		5		4		3		7
	3				2			
8	5	3			6	9		
		4				2		
		9	3			1	6	5
			8				1	
5		6		2		7		9
4	2			3	9			6

No. 46

	5		9	6	3			
	1		8		5			
	6			7		8	5	9
3			4		2	7		
1	8						4	2
		5	1		7			3
9	3	4		1			6	
			6		4		7	
			5	2	9		3	

No. 47

			2					1
7	4			3	6		8	
	9	8		7		5	6	
9	2	3			8	6		
		4				7		
		6	3			1	9	8
	1	9		4		3	5	
	5		1	9			2	6
3					7			

No. 48

		2			4	6	9	
1	4	5	8					
	7			3	5			4
		4		8			5	9
		1	3		2	7		
3	8			4		1		
5			1	2			3	
					6	9	8	7
	6	8	9			5		

No. 49

	1				2	8		7
					7		5	
8		5	3	4		9		
9		7			5	3		1
	6			3			9	
2		3	8			7		4
		4		9	1	6		8
	8		4					
5		2	6				4	

No. 50

6		7	5					1
	4					5	8	9
		2	1	4				
	1		2	5		9	7	
		4	9		6	8		
	2	6		3	7		5	
				7	5	2		
2	3	8					4	
1					8	6		3

No. 51

	6			8			4	
9		1	4		3	8		7
		4	2		5	1		
	5		3	2	8		7	
4		3				2		5
	7		5	4	6		8	
		6	8		4	5		
2		5	9		7	6		8
	9			5			1	

No. 52

1					9			
	3	2		4		5	7	
	5		3	6			8	4
		3	5			6	9	7
		4				8		
5	7	1			6	3		
3	9			7	1		2	
	2	6		8		7	1	
			4					6

No. 53

5	7				4		9	
1				2	9			
		2				8	3	4
7		1	5	6		4		
2			7		3			8
		9		4	1	5		3
8	1	6				2		
			4	5				1
	9		8				6	7

No. 54

		6	1			3		
3	1	7				4	6	5
2			5	3				9
8					3	5		
	7		6		9		4	
		4	2					1
1				8	7			4
4	6	9				8	5	7
		2			5	9		

No. 55

2		9		6			8	
	3	6	5	7				
4		8					7	1
		1			2			9
9	8		6		7		3	2
5			3			4		
7	1					5		3
				1	5	8	2	
	4			2		9		6

No. 56

	8		2		1			
	6		3	5	4			
	1			9		2	6	3
6			8		9	4		
5	2						7	9
		8	5		2			6
3	4	7		8			1	
			6	1	3		4	
			4		7		9	

No. 57

	1		4		9		3	
2	7							8
	9		7	1		6		5
9		2	6	7				
		3	9		8	4		
				5	4	9		1
4		6		3	5		1	
5							6	2
	3		2		6		8	

No. 58

2					3	5	7	
					5			8
	8	7	1	9			4	
	5	4			8	2	1	
6				1				4
	1	3	7			9	5	
	9			4	2	7	6	
7			9					
	3	8	6					9

No. 59

03	3				7	5		
	9	8			1			7
1	7		2	3				4
7		2		8			9	
		6	5		9	8		
	4			6		1		5
9				2	5		1	6
4			9			3	5	
		1	8				2	

No. 60

1	6		7				9	
			6			4		3
	9	7	5	8				1
2		9			6		8	
		5	1		2	3		
	4		3			9		6
3				4	7	8	1	
8		2			5			
	7				1		5	2

No. 61

			1		5			9
3	6	5		7				1
			8	4	6			3
		8	7		9		3	
2	7						4	5
	3		5		4	9		
8			6	1	3			
1				9		2	6	8
7			2		8			

No. 62

	2	4			9	6	7	
	1			2			9	
6	9		5				3	2
9		5	8	1				
4								7
			6	4	9			3
8	4				7		2	5
	5			3			1	
	3	1	2			8	6	

No. 63

	2			5		8		6
			3	1			5	4
	1	9				7		3
1			5			6		
	4	6	9		8	5	7	
		3			7			2
4		2				1	9	
8	7			9	3			
6		5		8			4	

No. 64

	8		5			7		9
9	3				6		4	
6			4	7		1		
2	9	3		8	5			
1								6
			7	9		5	2	3
		8		3	4			2
	2		1				5	4
7		6			8		9	

No. 65

4			5		8	6		
				1	9	2		3
5		1			2			4
	7			9	5		3	
2	3						8	5
	1		2	3			9	
9			6			5		1
3		6	7	2				
		2	9		4			7

No. 66

2	7	6		1			8	
			2	8	9		7	
			6		7		4	
		1	3		5			9
5	3						6	4
9			4		1	7		
	1		8		3			
	9		7	5	2			
	8			4		3	9	2

No. 67

	3			2				6
		6	8		4		7	
		7	1		5	9	8	
5	8				7	3		
		9		1		4		
		1	6				2	9
	6	4	5		1	2		
	5		9		3	6		
7				4			9	

No. 68

7				3			1	
		2	7		6			5
		8	5		9	3		2
8	7		2			9		
		3		9		7		
		6			1		5	4
4		7	9		5	1		
1			4		3	2		
	2			8				6

No. 69

6		8	1	3				7
					2	4		
7	4			5			3	1
3	1	9	4				8	
	2						5	
	8				9	3	4	6
8	7			2			9	3
		1	6					
9				4	8	2		5

No. 70

	8		4		3		9	2
1				9		5		
	2		1		6			4
	6				5	4		7
	9			3			1	
8		1	2				3	
5			7		9		2	
		2		8				6
7	1		3		4		5	

No. 71

	9				3		7	4
		5	9	8				3
4		8	1				6	
				6	1	7	4	2
3								5
7	2	1	8	4				
	4				6	3		8
2				7	9	6		
9	1		5				2	

No. 72

8		3	1			9		2
		9	4	6	3	7		
	4		8					3
3					8		6	
7		6				5		1
	2		7					4
6					1		7	
		8	3	5	7	1		
5		1			2	4		9

No. 73

			1	2	4			
8		2		3			7	6
	3	9						4
	7		6			8	5	3
		3	8		2	4		
9	8	1			3		6	
6						3	9	
4	1			6		2		7
			2	5	8			

No. 74

	8			9			4	
		5	6		1	9		
3		9	7		8	5		1
	9		1	3	2		7	
6		2				3		9
	7		5	6	9		1	
8		4	2		6	1		7
		6	9		3	4		
	5			1			6	

No. 75

	3	4	1		7	9	6	
		9	5		8	7		
7				4				2
3			4	8	1			5
	5	8				1	7	
4			2	7	5			3
9				5				6
		5	7		4	2		
	4	2	3		6	5	8	

No. 76

				2	7		4	
5	9	2		6			7	
			5				8	
7		5	1		3	8		4
9	1						2	3
4		6	2		8	9		5
	6				1			
	5			8		1	9	7
	4		7	3				

No. 77

	7				9		8	2
9	5			2	3			
4			8		6		7	
		5		3	8	1		
	8	6				5	9	
		3	9	5		2		
	1		3		7			9
			1	9			5	4
8	2		4				3	

No. 78

5					2	6		
9	2				1		4	8
	7		3	9	6		2	
		1	6					4
6	5						9	2
3					7	5		
	8		4	5	3		6	
7	3		2				8	1
		4	7					3

No. 79

4	5			6	2		7	
			1					3
	7	3		9		6	2	
		4	8			3	5	6
		1				9		
8	6	2			3	4		
	4	7		1		8	6	
2					5			
	8		4	3			9	1

No. 80

1			9				6	8
	7	6	8					
	3		1	4		7		9
	6	5	2					7
		8	6		9	3		
4					3	5	2	
5		1		7	8		9	
					2	4	3	
2	9				1			5

No. 81

	8				5	7	9	
7		3			9			
		2		4	8		5	3
6		7			1		3	
9			5		7			2
	4		2			1		6
8	6		9	3		5		
			1			2		4
	1	5	8				6	

No. 82

5			1	4		7		
	7				6	1	3	
8		9	5				2	
				2	9	4	7	3
		6				8		
4	2	7	3	5				
	5				3	2		9
	4	2	8				1	
		8		9	1			6

No. 83

5	2			8	1			9
4	1	7	6					
		8		5			7	3
		4		3	8			
	8	9				3	2	
			5	2		4		
9	6			7		5		
					9	2	1	7
3			4	1			8	6

No. 84

9	3	6	4					
2				3		1	4	
	1	8		6	5		7	
5				9	2			
7		9				8		4
			8	7				5
	4		6	8		9	2	
	7	3		2				8
					1	6	5	3

No. 85

			1	4		6		9
		7	2		3			5
4		3	9			7		
	8		3	1			6	
	6	9				3	2	
	4			6	9		1	
		1			5	4		3
9			7		1	8		
5		6		9	8			

No. 86

	9				7			
5		4		2		9		6
6			5	4			8	3
3	4	9			1	8		
		2				7		
		8	9			5	1	4
2	7			9	8			1
4		1		7		6		8
			3				5	

No. 87

4				5				1
3		2			7	4		9
5	1		9				2	6
				6	3	5	8	
		3				7		
	4	8	2	1				
9	3				8		6	7
8		6	4			9		5
1				9				8

No. 88

	2	8						7
4		9		2			3	1
			7	9	5			
8	4	5	2				1	
		2	9		4	7		
	3				1	4	6	2
			4	6	9			
7	5			1		9		3
1						2	8	

No. 89

			6			1	2	3
6		3			1	4		
	4			9	8			7
		5		3			1	4
		8	9		7	2		
3	7			5		8		
2			4	7			5	
		9	5			6		1
5	8	4			3			

No. 90

	3		7					
6				1	8	9		3
9		7	2				4	
8		4	3			6		7
	6			8			5	
7		1			9	2		8
	1				5	3		2
5		9	4	6				1
					1		9	

No. 91

5	7	6		2				4
			7					8
				6	4			3
	4	7	9		1	8	3	
9	5						1	6
	3	2	6		8	5	7	
3			4	1				
2					9			
7				8		9	4	5

No. 92

1			7		3			9
	4			1			8	
9		7	8		6	5		1
	7		1	3	9		6	
5		1				3		2
	6		2	5	7		1	
7		6	3		2	8		4
	3			7			9	
4			5		1			3

No. 93

6				1			8	
		4	5		6			9
		3	2		9	1		4
		5	8				9	7
		1		2		6		
3	6				4	2		
7		6	9		2	8		
8			1		7	4		
	4			3				5

No. 94

		3	7			5		
7	5	8				1	4	3
	6		4	5			9	
	2				5	4		
8			3		9			1
		1	6				7	
	7			2	8		1	
3	1	9				2	8	4
		6			4	9		

No. 95

4	3		8			2		
8			7	1			6	
		6			9	5	7	
1	6	2	5	8				
	9						4	
				2	3	6	1	5
	2	1	4			7		
	4			3	7			9
		8			5		2	3

No. 96

6					2		9	4
2	4	3	9					
	8			5	1	6		
1				7		8	4	
3			5		8			1
	6	2		4				7
		7	6	8			3	
					4	1	7	6
9	2		7					5

No. 97

3	4		5				1	8
7			2	4	6			3
	9		3			2		
		5			2		8	
9	2						3	4
	6		7			9		
		8			7		6	
1			6	9	8			2
6	7				3		5	1

No. 98

			2			8	1	
6	8		4	3		5		
2		1	6					4
8			7			1	9	
	5		1		6		2	
	9	7			5			3
9					4	6		7
		6		8	2		4	9
	3	5			7			

No. 99

6			8					
3				1	5			
5				4		1	8	2
	8	2	1		6	4	3	
1	7						2	9
	3	6	9		7	8	5	
2	5	9		6				8
			5	7				3
					9			4

Medium Puzzles

No. 100

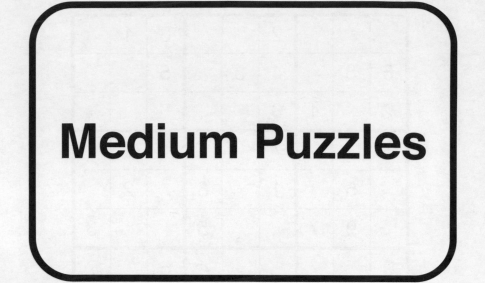

		9	8		7	3		
	7						6	
2			6		1			4
8	3		4		5		9	1
6	9		2		8		5	7
9			5		6			3
	1						4	
		8	7		4	2		

No. 101

3								6
9		6	7		3	1		4
			6	4	9			
8		5	4		6	9		2
		4				5		
6		9	2		1	4		8
			5	1	8			
1		8	3		4	6		5
7								1

No. 102

6		2	7	3				
7		4						
	3		5				8	
					8		4	
3				7				6
	9		1					
	1				4		6	
						4		9
				6	5	7		2

No. 103

2			6		3			9
		9				6		
	1		7		9		4	
3		6	5		2	1		8
4		1	8		6	5		3
	3		9		8		5	
		7				2		
5			4		1			7

No. 104

						3		
4	1			3	9		2	6
				8	4			
		7		6			5	
	2		3		7		6	
	5			4		2		
			8	7				
8	6		5	1			9	7
		5						

No. 105

5				7				6
	2		3		8		5	
		7	4		9	1		
3	8						4	5
		1				8		
7	6						1	9
		5	8		2	7		
	1		7		5		3	
2				9				4

No. 106

			6		1	3		
5	1			9				
7					3			
1		2	3					
9				1				5
					4	8		2
			7					1
				5			6	7
		4	1		8			

No. 107

	9	5				6	2	
			9		6			
1		2				9		4
6			3		5			8
			7		1			
4			8		2			9
5		9				3		6
			4		7			
	4	3				1	7	

No. 108

5		2				7		9
	3						8	
	8		9		7		4	
		6		1		3		
	1		5		3		2	
		5		2		8		
	7		4		9		6	
	6						5	
9		4				1		3

No. 109

				7		8		
			3		2		6	7
			9		5		2	4
1	4		5		7			8
		9				6		
8			6		1		4	9
3	1		8		9			
2	9		7		4			
		7		2				

No. 110

	3			5	9			
	4		2					
	7			1		2	3	8
3						9		
5	2						6	1
		4						3
8	9	6		4			7	
					6		1	
			3	7			9	

No. 111

			7	5				4
					8			2
4	8	3		9				5
		7					4	
6		1				2		8
	9					7		
5				2		3	6	7
9			6					
7				1	4			

No. 112

3				9				6
		6	1		4	5		
	7		8		2		9	
6		8				4		1
	4						7	
2		7				3		9
	9		4		5		6	
		1	9		6	7		
8				2				5

No. 113

4		8				3		1
	5						2	
		7	8		3	5		
8				1				9
		3	5		9	4		
6				2				8
		1	9		8	6		
	8						1	
7		6				9		4

No. 114

			5	6	7			
		7		8		3		
	8	5	2		3	6	4	
	6						7	
		1				2		
	5						3	
	3	9	1		2	4	5	
		2		5		1		
			4	9	8			

No. 115

		2	1		3	5		
	4		8		6		7	
9								1
7	2		6		1		9	4
4	8		2		5		3	6
3								8
	5		9		8		1	
		4	3		2	7		

No. 116

		6	8		2	7		
				9				
4			7		6			2
9		1	5		8	3		7
	5			4			9	
7		4	1		9	5		6
1			6		5			3
				3				
		5	2		1	8		

64

No. 117

				2		7	4	
6					5			
		3	4	6			8	
					9			5
	1			7			2	
8			6					
	7			9	2	1		
			3					9
	2	4		1				

No. 118

1					5	8		6
		5			1		7	
	9	3						1
		8	5					
	2						4	
					4	6		
7						1	9	
	5		8			2		
6		2	7					3

No. 119

	8	1				6	5	
		5				3		
	2		7		3		1	
5			6	9	4			3
7			1	2	8			9
	3		4		5		7	
		8				9		
	5	7				2	6	

No. 120

		8				1		
6			3		7			8
	9		2		5		6	
7		3	4		2	6		9
9			4	1		6	3		2
	3		5		8		7	
1			9		4			5
		5				4		

No. 121

6			8			3		7
9						4		6
		4	3	9				
		6			8			
	9	1				7	6	
			9			5		
				3	4	2		
3		8						9
1		7			9			5

No. 122

4	8							9
		6		2			3	
1			4			5	8	
					7	1		6
7		8	2					
	9	7			1			5
	3			5		7		
8							6	4

No. 123

7	9						2	3
3		5		4		8		6
	5		2		3		6	
2								1
	4		8		1		3	
9		4		3		6		2
8	1						9	5

No. 124

3			6	5				
7				2		1	6	4
8					1			
		8					7	
1	4						5	9
	6					2		
			7					2
4	7	9		8				6
				9	6			3

No. 125

	7		2		6		9	
		3	8		4	7		
1								3
4		6	7		1	9		5
7		9	6		5	8		4
5								2
		2	5		9	1		
	8		3		2		4	

No. 126

				3				
	9		6		4		5	
		1	5		9	4		
	1	5	2		3	9	7	
7				1				3
	2	3	7		6	5	8	
		2	9		7	8		
	7		4		2		6	
				8				

No. 127

4		3					1	
	1				8	6	9	
		8			1			7
		6	8					
2								5
					5	9		
8			6			2		
	9	2	7				3	
	7					1		4

No. 128

	9	3		8	2	1	7	
				6	3			
								8
5				1			4	
	7		8		5		1	
	4			3				7
4								
			6	5				
	1	6	4	9		5	2	

No. 129

		1		7		2		
	3						4	
2			6		9			3
	1	4	9		7	8	3	
			1		4			
	7	9	2		8	1	6	
1			8		6			5
	6						8	
		5		4		9		

No. 130

6	7			4			5	1
		2				7		
	3		7		5		6	
7				2				8
			1		9			
4				8				7
	1		8		7		3	
		9				1		
2	4			3			8	5

No. 131

			2	7				
4								
	5	2	4	3		7	9	
7				5			4	
	8		6		7		5	
	4			1				8
	3	1		6	9	5	8	
								6
				2	1			

No. 132

9				1	6	3	4	
				5				
	5	6				1	2	
					4	5		9
5								2
2		4	5					
	6	3				7	5	
				6				
	9	2	7	3				8

No. 133

	4	1		6				
6			5					9
	7	8						
					2	3		7
		6		4		1		
3		4	9					
						4	7	
2					7			1
				1		8	5	

No. 134

		3	1		7			
					3			2
				4			7	9
			3			8		7
9				7				4
8		6			5			
2	1			9				
7			2					
			7		6	5		

73

No. 135

		7	9			2	1	
	1	2		6		9	3	
5								2
	6			4			2	
			8		3			
	2			5			4	
8								3
	5	6		7		4	9	
		3	2		4	7		

No. 136

	3						9	
	8	4		1		7	5	
		5	3		9	6		
			8		6			
	9						8	
			1		7			
		1	2		8	5		
	2	8		6		3	1	
	7						2	

No. 137

	6		7		4		9	
8								6
	5	1		9		3	4	
		5		4		7		
			8		6			
		7		1		4		
	7	2		5		6	3	
1								7
	9		3		7		2	

No. 138

8								7
	5		7		1		2	
		6	4		3	9		
6		4	5		2	1		3
9		5	3		7	8		6
		2	8		4	7		
	6		1		5		9	
1								4

No. 139

				6		9		7
	4		7		2			
			4			1		
					4	7	5	
		9		7		6		
	8	5	3					
		7			1			
			8		7		3	
2		1		9				

No. 140

		7				1		
	6		3		5		9	
4			2		7			5
		2	6	3	9	5		
	8						4	
		9	5	4	8	2		
7			8		3			2
	3		9		4		1	
		6				3		

No. 141

	2						5	
	5	8	6		7	3	1	
			8	5	1			
	3	4	5		9	6	8	
		6				1		
	8	1	3		6	4	9	
			4	6	3			
	4	3	7		2	5	6	
	7						3	

No. 142

			8					1
				2			5	4
		8	5		7			
					8	3		5
4				5				2
3		9	6					
			9		5	6		
1	7			4				
5					1			

No. 143

	4	5		2		3	7	
	2		4		1		8	
8								6
		1		4		7		
			8		6			
	4		3			1		
1								3
	9		1		5		2	
	5	8		7		9	1	

No. 144

		8	4		2	3		
		5				8		
7	6						2	4
6				7				8
		1	5		6	7		
9				1				5
3	2						5	1
		9				6		
		4	2		3	9		

No. 145

		8			1	4		
6	9			8				
5	2							
			3			2		7
8				9				6
9		7			4			
							2	9
				6			1	5
		3	2			6		

No. 146

				1	4		7	8
		2			9			
							4	
8		4			6	3		
	7			4			1	
		5	2			4		6
	3							
			5			6		
4	8		9	7				

No. 147

		3				5		
	6			8			4	
4			9		7			3
	5	6	7		8	3	1	
			6		5			
	7	8	4		1	9	6	
6			1		9			2
	2			5			7	
		9				1		

No. 148

				3				8
			7		6	9	3	
			1		4	7	5	
	8		2		9	5	4	
4								9
	2	5	3		1		8	
	6	2	4		8			
	7	4	5		3			
3				7				

No. 149

		5		1	9	4		
			4					3
		7				1		
				7		5	8	
	7	2	8		1	3	6	
	6	9		3				
		6				8		
9					7			
		1	9	4		2		

No. 150

6	2							7
3			6			5	2	
		9		1			8	
					4	3		9
4		2	1					
	8			5		4		
	7	4			3			5
2							9	6

No. 151

	4						9	
	9	2		5		3	1	
		1	2		9	6		
			4		1			
	7						2	
			5		2			
		6	7		3	5		
	2	8		1			4	6
	3						7	

No. 152

			4	6				
	5	4	8	3		9	1	
								3
2				9			7	
	1		2		3		9	
	7			4				1
7								
	9	6		5	7	2	8	
				2	6			

No. 153

	8		1		9		3	
				5				
7			8		3			5
2	7		9		6		5	3
		9		8		4		
6	1		3		5		7	2
1			5		4			6
				9				
	2		7		1		4	

No. 154

		7	2	8	1	9		
	3	2	7		9	6	5	
2		3	6		7	8		9
8								6
7		5	4		8	3		1
	7	8	9		4	1	6	
		6	8	1	2	7		

No. 155

6		8	7		5	9		1
		9				4		
			8	9	1			
3		2	5		6	1		8
8								5
5		1	2		9	6		3
			6	5	3			
		6				7		
9		5	4		7	3		6

No. 156

	7		6					
						3		
			3	2		1		4
	8				7		3	5
		1		3		2		
4	3		5				9	
3		4		1	6			
		9						
					8		5	

No. 157

		9				5		6
8				3			4	
6	1		5			7		
			3			2	6	
	7	4			2			
		1			7		2	9
	2			1				8
4		5				6		

No. 158

3	8			9			2	5
4			5		3			8
		7				3		
	9			6			3	
			1		2			
	3			7			6	
		1				2		
2			3		6			4
9	7			4			5	6

No. 159

		7	5		3	6		
8			4		1			2
	6			8			9	
	5	3				4	6	
2								3
	8	9				2	1	
	7			1			4	
6			3		7			8
		2	8		6	5		

No. 160

8		9				2		4
3	7						6	8
			6		7			
		4	1		5	6		
			7		3			
		1	8		2	9		
			4		9			
9	5						4	2
4		6				3		5

No. 161

		2	4		6	1		
	5		8		7		9	
1				5				3
4		6				8		1
	9						6	
5		3				9		7
2				7				8
	1		6		2		5	
		9	5			1	4	

No. 162

	6						8	
2		4		1		5		7
	9		7		6		3	
		5		2		8		
			1		9			
		8		6		3		
	5		2		4		1	
4		3		9		7		6
	8						2	

No. 163

3		5				1		9
		9	7		4	2		
4								5
	4		3	8	6		5	
	8		9	2	1		7	
8								1
		7	6		5	4		
2		3				5		7

No. 164

		3	8		9	2		
4	5						9	8
		7				3		
5				4				3
		6	7		5	4		
1				6				7
		1				5		
2	9						7	6
		8	9		2	1		

88

No. 165

3		9	1		5	2		4
4								7
			2	4	3			
6		8	9		1	3		2
		3				1		
2		1	4		6	8		9
			8	1	9			
9								5
1		4	5		7	9		8

No. 166

6								8
9		3		2		5		4
		4	8		6	7		
			7		9			
8								9
			5		2			
		2	9		1	4		
1		9		7		6		2
5								1

No. 167

9					5			2
				2		1	7	
						6	5	
					9	4		5
		8		6		2		
4		6	3					
	5	1						
	6	2		8				
8			7					3

No. 168

	5		8			7		
1			6				5	2
	4	3						6
	2				9			
		9				5		
			7				8	
4						3	1	
2	8				7			4
		6			4		7	

No. 169

6								4
	4		6		5		8	
	8	2				7	5	
		8		9		6		
	3		5		1		7	
		6		4		5		
	6	7				4	3	
	2		3		6		1	
1								9

No. 170

|
|---|---|---|---|---|---|---|---|---|
| | | 8 | 1 | | | | | |
| 4 | | | | | | | | 2 |
| 1 | | | | 4 | 3 | | | 7 |
| | | | | 8 | | | 9 | 3 |
| 8 | 9 | | 6 | | 4 | | 2 | 5 |
| 7 | 6 | | | 2 | | | | |
| 5 | | | 3 | 1 | | | | 4 |
| 6 | | | | | | | | 9 |
| | | | | | 2 | 3 | | |

No. 171

						7		3
				8		4		2
	1				6		8	
	3	5	9					
		4		2		8		
					1	2	5	
	4		3				9	
6		7		4				
3		2						

No. 172

4			6	5	9			7
6	1		4		7		8	3
8		4	2		5	9		1
		5				3		
1		6	3		4	7		5
5	4		7		2		3	9
3			5	9	6			4

No. 173

3		8	9				6	
		2		1				4
	5					8	9	
			1				7	8
6	4				7			
	9	4					8	
7				3		2		
	3				6	5		7

No. 174

5								
				2	1			
	1	9		6	5	4	2	
2				9		5		
		7	2		8	9		
		5		3				7
	3	6	4	8		7	9	
			3	1				
								8

No. 175

4		7			5		1	
8				1		7		
	3						6	2
					7	5	2	
	7	3	9					
3	6						4	
		2		9				8
	5		6			1		3

No. 176

|

				3		5		9
	6		7				3	
						8		1
2	8				4			
9				5				3
			6				2	5
5		8						
	9				8		4	
1		7		9				

No. 177

			4	8		6	1	
2			3					8
						7	3	
7					2			
		5		1		8		
			9					3
	3	1						
5					4			9
	6	8		5	1			

No. 178

	2		8		5		4	
7		8		9		1		6
	3						5	
3				1				7
			9		4			
2				5				3
	1						3	
8		5		4		6		2
	9		1		6		7	

No. 179

			7	1			8	
					4		6	
3	8	4		2			1	
7						8		
5	9						4	6
		2						7
	1			6		9	7	3
	2		9					
	7			5	8			

No. 180

4	1						9	6
			9		3			
	7	9				1	3	
6			5		1			9
			2		4			
3			8		7			5
	8	6				2	4	
			6		2			
7	9						8	3

No. 181

	1		2		8		4	
8								2
		4		5		7		
9		7	6		2	1		8
			1		5			
1		5	7		9	2		3
		1		9		6		
3								5
	6		8		7		3	

No. 182

	6	3						4
7					4		1	2
	1				8	5		
					5		8	
		9				1		
	2		9					
		4	6				5	
2	8		5					6
6						3	7	

No. 183

				6	3		1	
			7				8	
7	5	3		2			4	
		4						8
	9	6				5	7	
2						3		
	3			8		4	5	9
	2				4			
	1		3	9				

No. 184

		4	6		9	1		
	8						9	
7			8		2			5
	5	2	3		1	6	7	
	7	9	2		4	8	3	
2			1		8			4
	6						1	
		7	9		3	5		

No. 185

	6		5			7	3	
		7	4					2
9		8					5	
		3			1			
1								7
			2			4		
	8					6		9
5					8	2		
	3	4			2		8	

No. 186

			9	2				
9		4	1	5		6		2
	1							
	2			4		1		
		8	3		2	4		
		1		7			8	
							3	
7		5		3	6	8		4
				9	7			

99

No. 187

			3					5
	4							
	1	8	6	7				
8		1			5			4
	7			8			9	
3			2			5		8
				9	8	1	7	
							8	
2					6			

No. 188

			2	1	7			
2	1		4		9		7	3
	8						1	
7	2		3		4		6	5
4								7
5	3		1		6		2	4
	9						3	
3	5		9		8		4	1
			5	4	3			

No. 189

		4		6		9		
5			7		2			4
	3						5	
	5	8	2		6	3	9	
			9		3			
	7	9	4		8	2	6	
	8						7	
1			8		7			9
		2		3		1		

No. 190

3		1	6		5	2		7
2								5
			2	3	7			
4		3	9		1	7		2
		8				3		
9		7	3		2	8		4
			8	1	4			
1								6
8		2	5		3	4		1

No. 191

		4	1		7	3		
3		5		2		6		9
1								7
			5		2			
9								1
			4		9			
8								5
2		7		4		9		8
		3	9			8	2	

No. 192

6	9			2				
		2			3	1		
4	3							
7		3			1			
2				4				5
			8			7		4
							3	6
		8	9			5		
				5			4	2

No. 193

			1	2				
							4	
1		6	9	4		8		3
	7			3		5		
		8	7		4	3		
		5		1			8	
2		3		6	5	9		7
	5							
				7	2			

No. 194

9	3						7	
	2		3			1		9
		5		8				4
					6	2	5	
	6	9	8					
4				1		6		
7		6			2		1	
	9						3	5

No. 195

		6			4	3		
7	1			6				
9	5							
			2			5		8
6				1				7
1		8			3			
							5	1
				7			4	9
		2	5			7		

No. 196

				4			6	3
		1	7		3			
					1		2	
	5	8			9			
	6			3			4	
			1			5	3	
	3		2					
			3		8	9		
7	2			6				

104

No. 197

8	6			4	5			
	9							
					3	7		
		3			1	8		7
	4			8			2	
6		8	7			9		
		1	5					
							8	
			8	2			4	6

No. 198

8			9		3			4
	9		4		2		3	
				5				
3	8		5		1		6	9
		6		8		5		
5	1		2		6		7	3
				7				
	6		1		4		2	
1			6		9			7

No. 199

			9				1	
				6	7		4	
5	4	9		2			6	
7						4		
8	3						9	1
		2						7
	6			1		3	7	5
	7		4	8				
	2				3			

No. 200

9				3				2
6		5	9		4	3		1
			2	6	1			
		9				1		
4								7
		2				6		
			3	8	5			
5		1	4		7	9		8
7				1				4

No. 201

7		9		6		3		5
4	8						1	7
	9		1		7		5	
1								2
	6		3		2		7	
3	2						8	9
8		6		7		5		1

No. 202

	9		3		8		4	
	6	4		2		7	5	
		3				8		
			6		2			
		7				3		
			9		7			
		1				6		
	8	2		9		1	7	
	4		7		1		2	

No. 203

5		3	7	9			1	
				2				
2		9				7		4
					6	4	5	
	4						3	
	3	6	4					
4		2				8		3
				4				
	5			8	2	9		6

No. 204

	1	4	9		3			
	6	2	4		7			
3				1				
	7		2		5	9	4	
4								5
	2	9	3		8		7	
				3				7
			8		4	1	9	
			1		6	5	3	

108

No. 205

7			4	9	3			2
3		8	2		7	6		1
8	3		7		1		2	9
	9						1	
6	7		9		5		4	8
9		7	5		2	1		4
1			3	4	9			7

No. 206

		5	2		6	7		
2		1		3		5		9
	6	2				3	4	
4	1						8	7
	7	3				9	5	
6		7		9		8		3
		4	7		1	2		

No. 207

		1	3		4	6		
4	3						9	8
		6				7		
6				8				9
		8	9		7	5		
7				5				2
		9				2		
5	7						3	1
		2	1		3	4		

No. 208

				7				2
			3		1	9	7	
			6		4	3	5	
	2		8		9	5	4	
4								9
	8	5	7		6		2	
	1	8	4		2			
	3	4	5		7			
7				3				

No. 209

	5	7				8	1	
		8	7		4	2		
2								4
	4			3			8	
		5	9		7	6		
	7			2			4	
3								9
		9	4		6	1		
	2	6				4	5	

No. 210

		9				6	7	
	7			9	1			
		6			8	2	1	
	6		8					
9	5						2	6
					9		3	
	2	5	9			3		
			7	1			4	
	8	1				9		

No. 211

3	8					7		
1					7		4	
		7			1	6		5
5			1					
	2						9	
					9			6
2		6	4			3		
	1		5					2
		4					8	7

No. 212

8	5		3					
		6		8				
9	3		4		6			
5	2		7		9		4	3
		9				5		
1	4		8		2		6	9
			6		7		1	5
				4		9		
					3		7	4

No. 213

							4	
2			8					
			1	5		9	3	
9		2	6					8
	7			9			5	
4					2	3		9
	5	3		7	9			
					1			6
	9							

No. 214

	1						5	
		2	7		6	1		
4		6				7		3
6				3				9
		7	9		1	4		
8				5				6
2		8				9		4
		3	6		9	8		
	6						3	

No. 215

							9	
				5	3	4	1	
7					2			
4		7			6			2
	8			4			5	
9			7			1		4
			3					6
	5	1	4	8				
	4							

No. 216

				6	8	7		
			5			1		
4	5	7		3		6		
	3							8
9		2				5		1
8							7	
		6		1		8	2	4
		3			2			
		8	7	9				

No. 217

	9	5		7				
		4					3	
			2					8
3			8				4	
	1	7		9		5	8	
	5				1			6
1					6			
	7					9		
				5		4	2	

No. 218

4				7		2		
	9	5					8	
	7				6	1		4
			3				4	8
6	5				4			
7		8	9				6	
	1					8	9	
		2		3				5

Hard Puzzles

No. 219

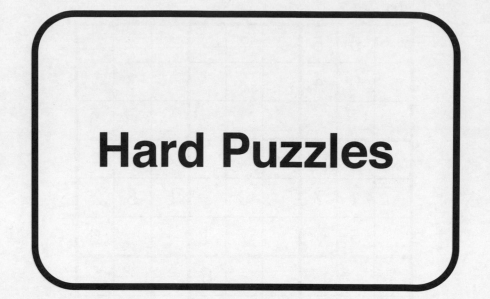

No. 220

	9	8			3	2		
4			6					
2			5				4	
				9	6	1	2	
	7	1	4	5				
	6				1			2
					5			1
		5	3			9	6	

No. 221

					5			
		4					3	6
			8	4			5	
1				3			6	
2			9		4			7
	4			2				9
	2			7	8			
3	6					7		
			1					

No. 222

6		5						7
			1		8	2		
8	3							
	1			3				
		7	6		2	4		
				1			3	
							2	6
		2	9		7			
4						5		8

No. 223

8	6	5						
4			9		6			
	9			8	7			
			8	3			2	
		6				1		
	3			9	5			
			7	4			1	
			1		2			8
						7	9	5

No. 224

	9		3				6	
6	1		9			7		
8					7	5		
3	5							
		8				9		
							2	4
		6	8					5
		9			5		7	2
	7				3		1	

No. 225

	9				5		4	
		6	2					1
		7			1		9	8
5	1							
		2				7		
							8	3
6	4		7			9		
2					9	1		
	7		5				6	

No. 226

		5			6			3
6	4							
		2			4	6		
4	1				5	8		
			1		2			
		8	3				5	1
		1	4			9		
							3	6
5			7			2		

No. 227

	6		7					
		8		4		2		5
4						1		
	8		2		6			
		2		1		4		
			9		4		3	
		3						7
1		5		2		3		
					8		9	

No. 228

	2				7			
3	1				9			6
		5		3			4	
			1			4	6	
4								3
	8	2			5			
	7			6		1		
5			9				8	4
			8				5	

No. 229

	6	4		5				
					1	6	5	
2					7	3		4
	5					4		1
1		7					2	
3		2	8					6
	7	8	9					
				4		2	7	

No. 230

	4	6	9					8
	1			3			2	
2			6					
	5	8	2					
1								7
					4	9	5	
					3			4
	7			1			3	
3					7	2	9	

No. 231

							3	8
			9			7		5
				5				2
	6		2			4	5	
		3	7		9	8		
	1	4			8		7	
4				1				
7		1			6			
2	8							

No. 232

	4				7			
	9	7		8		2		
					2		1	4
	6				1		3	7
5								2
7	2		8				4	
8	5		6					
		6		1		9	8	
			3				7	

No. 233

1		8	4					9
		9	8					
	3			6		2		
					9	8	7	
5								1
	1	6	3					
		1		5			9	
					2	7		
6					4	3		5

No. 234

				3		8		
					9	3	4	
						7		5
6	2		7					4
	5		9		4		7	
1					8		2	3
7		8						
	6	4	1					
		2		6				

No. 235

4				9	3			
1	6					9		
			4					
	2			5				9
	7		9		2		5	
6				1			8	
				8				
		7					1	6
			3	7				5

No. 236

	9			8				5
		4	6					
	1	2					3	
6				1				7
			4		6			
2				5				8
	8					1	2	
					4	5		
5				3			9	

No. 237

6	7			1				8
9							4	
					8	2		
			5		1	3		
1				7				6
		4	6		2			
		5	3					
	1							7
3				6			8	9

125

No. 238

	8			5				4
					2	8		
3						1		6
	9			1			7	
			2		9			
	6			8			3	
1		6						5
		2	9					
4				3			8	

No. 239

		6		2		3		
7		9			5		8	
	3				7			
8		1			3			
	6						4	
			9			1		5
			2				9	
	2		4			5		3
		4		6		2		

No. 240

5							8	
			4	7	9			
					3			
						9		3
7				2				6
8		1						
			1					
			5	8	6			
	3							4

No. 241

9				5	6			
7	2	5						
		1	9		7			
			5	8				3
	7						4	
8				9	2			
			4		3	5		
						2	6	9
			6	1				4

No. 242

	5							2
4	9			3			5	
			8			7		
			1		7	5		
	3			4			1	
		8	6		3			
		6			2			
	8			1			3	9
1							4	

No. 243

1			9		8	3	6	
		5				4		
8			6	5				
					3		9	2
		3				1		
5	6		1					
				7	6			3
		6				2		
	8	4	2		5			7

No. 244

			3					
	5							
			4	9			7	
3		7				2		
		4		1		9		
		6				8		5
	2			6	5			
							4	
					8			

No. 245

	2			6				7
			1				3	
		9	4			6	5	
2	9				5			
		6				2		
			7				8	3
	8	2			4	7		
	7				8			
5				9			1	

No. 246

					6		5	
3		9		8				6
7						4		
			1		8		2	
8				7				4
	6		4		5			
		2						3
9				4		7		8
	1		9					

No. 247

2		4	8					
7				4				
6	9							
	4	7	9				2	
		3	5		2	9		
	8				6	7	1	
							3	9
				1				6
					5	2		1

No. 248

		8	9		1		7	6
		1	6	4				
	4						2	
					7	3		9
	7						8	
6		4	8					
	6						3	
				5	6	7		
1	2		3		4	5		

No. 249

					1			
			7	3	5			
6							8	
	3	1						
	4			9			7	
						2	6	
	5							3
			2	4	8			
			6					

No. 250

6					1		8	4
					9	2	7	
	4	7		2				
		2					4	9
9	1					6		
				4		1	6	
	5	1	3					
8	6		5					7

No. 251

					5			
		4		6	7			
						8		
	3						4	5
	6			1			7	
8	9						2	
		7						
			8	2		3		
			9					

No. 252

			3			6		
6		9	8					
	8			4		5	3	
		6			4	8		3
8								7
3		1	9			2		
	5	4		9			2	
					2	7		4
		3			1			

No. 253

					9			
		5						4
			3	8	6			
							1	5
7				2				8
9	6							
			4	5	7			
3						9		
			1					

No. 254

			1		9	8		
4		2						6
1	3							
	9			3				
		6	8		4	7		
				9			3	
							8	4
7						2		1
		8	6		5			

No. 255

	8				4		2	
		5			8		1	
						8		4
	7				1	4		6
			6		2			
1		6	5				7	
5		8						
	2		3			1		
	9		4				6	

No. 256

	5	1	4					
	4			9	7			
							9	
		6		7				8
		3	5		2	9		
1				3		6		
	3							
			8	2			5	
					3	2	4	

No. 257

		1	8			3		
9		3	5				4	
5					2		6	
7		9						
	4						2	
						5		8
	5		3					2
	3				4	1		6
		6			8	4		

No. 258

			2		5		3	
						2	4	1
			9	4		5		
			1	5		7		
8								2
		6		7	4			
		8		3	9			
9	1	5						
	4		6		8			

No. 259

		7						1
			2					
			9	4	5			
	6	1						
		5		3		8		
						4	2	
			7	8	6			
					1			
4						9		

No. 260

			6				8	
3		4		5		6		
		2						9
			5		1		7	
		5		3		4		
	9		8		4			
5						3		
		7		4		2		6
	1				7			

No. 261

							9	5
			2			4	3	
				3			6	
7		8			9			4
		5	4		2	9		
1			6			8		3
	8			7				
	4	7			1			
9	6							

No. 262

					2	3	4	
8		6		1				2
		4			8			
	8	2	1			4		
	9						2	
		7			3	5	8	
			5			8		
7				3		1		6
	1	9	7					

No. 263

8					7			1
	4				1	8		6
	5		4			2		
						7		5
	1						2	
9		3						
		5			2		8	
4		9	5				1	
6			7					4

No. 264

2	5		3			6		
		7	5					
9				1				7
					2		3	4
		9				8		
4	6		7					
8				9				1
					1	2		
		1			8		7	3

No. 265

					5			
1						4		
			3	6	2			
						1	9	
		8		7		3		
	5	6						
			9	8	4			
		2						6
			1					

No. 266

	3						1	
			3	4				2
	8	7	6		1			4
6		3			9			
	2						9	
			2			5		1
9			7		5	3	2	
7				6	3			
	6						8	

No. 267

			7			3	4	
						5		9
				3		6		
2			6				1	3
	9		4		7		5	
8	1				5			4
		1		8				
5		6						
	8	4			2			

No. 268

4	2				6			
	6		9	3				
							3	
1				9		5		
8			7		2			3
		4		8				1
	8							
				7	5		2	
			8				6	7

No. 269

6							1	
			7			4		
8	5			9				7
			9		3	2		
9				6				1
		7	4		1			
5				1			6	9
		3			5			
	2							8

No. 270

	4				8			
					5		9	4
	2	8		7		5		
8	5		7				4	
6								5
	1				9		3	8
		1		9		2	7	
7	6		1					
			3				8	

No. 271

	1			7		8	5	
2		6	1					
			5			2		
		2			7	1		5
1								4
5		3	6			9		
		5			3			
					9	4		7
	8	7		6			9	

No. 272

2			9				1	8
	8	3		6				
			7			6	3	
		6					8	7
7	9					2		
	5	9			4			
				8		9	2	
1	2				5			3

No. 273

9	4		5			1		
1				3				5
		8	1					
					4		7	6
		5				3		
6	9		8					
					2	4		
4				1				3
		7			9		2	8

No. 274

	4		5					
	7		4					9
9		1			2	5		
7		4	9	1				
			5	8	4			6
		7	2			3		1
8					5		7	
					9		8	

No. 275

	7	4						5
		6	2	5				
					9			
	9			7		4		
	6		3		8		5	
		3		6			8	
			1					
				3	2	1		
3						7	4	

No. 276

	1							2
		8			4			
4				5			6	9
			9		8	1		
9				6				5
		7	3		5			
2	4			9				7
			7			3		
6							5	

No. 277

			6					
4								
			9	8				3
	5					4	7	
	9			1			8	
	3	6					2	
2				5	4			
								9
					7			

No. 278

	1			4				3
		3	8					
	5	2					9	
7				2				6
			6		8			
9				3				5
	4					5	2	
					6	8		
3				9			1	

No. 279

6			7					4
	5		3			9		6
	2				8	3		
						1		9
	8						5	
3		7						
		8	6				3	
4		2			5		6	
5					7			2

No. 280

		8		5			6	
	3		4					
7	4		2					3
					3	9	4	
1								7
	5	7	8					
5					2		8	1
					6		9	
	7			1		3		

No. 281

2			1					6
4		6	2				7	
		8			7		5	
5		1						
	8						2	
						3		9
	6		8			5		
	2				5	9		7
7					1			4

No. 282

			8	4			5	
			2		5	6		
						4	2	3
	1			7	4			
9								2
			3	5			7	
8	5	3						
		4	1		9			
	9			6	8			

No. 283

1		3	5				9	
		9		2		5		
	6		9					
					1	4		8
	5						2	
3		4	6					
					7		1	
		1		9		2		
	8				3	6		7

No. 284

3		2	6				9	
	8		2					
4				5				8
					3	6		1
	4						7	
1		9	8					
7				4				5
				5		3		
	5				7	8		6

No. 285

9				7		4		
		8				5		2
					1			9
	5			9			8	
			1		3			
	3			2			6	
1			3					
5		2				7		
		4		8			9	

149

No. 286

			7			4		
	9							6
5	1			8			7	
			8		3	2		
	8			9			6	
		7	4		6			
	5			6			8	9
2							1	
		3			5			

No. 287

							9	1
5						2		8
		6	1		7			
				9			7	
		4	6		8	5		
	9			7				
			5		3	6		
1		2						4
8	6							

No. 288

			3					
				8	6		2	
		8					4	7
9				2			5	
8			9		5			2
	4			7				3
4	7					5		
	1		6	5				
					1			

No. 289

5							4	
			8			3		
9	2			6				5
		8	7		6			
6				2				1
			1		3	5		
8				1			9	6
		7			4			
	1							2

No. 290

			4				1	
9						8		
7		3		5				9
	4		6			5		
5				3				2
			2		1		9	
4				2		7		5
		2						3
	6				8			

No. 291

			5	1	9			
					3			
4						7		
							3	1
5				2				6
7	8							
		1						9
			7					
			8	6	4			

152

No. 292

6	1		7					
							7	
	9			6	3			
2				7		4		
5			6		9			7
		3		8				2
			8	5			1	
	5							
					1		9	4

No. 293

		3					8	1
			9	3				7
					5			
	6			7				4
	3		4		6		7	
1				8			5	
			2					
2				4	9			
8	1					4		

153

No. 294

3				9				7
5	8				6	2		
		7			8			
1	2				7			
		3				4		
			5				6	1
			9			5		
		9	4				7	6
4				3				9

No. 295

7			8					
	4	5			3		1	
1			2			7		
				5	8	1	6	
	6	9	7	2				
		8			6			1
	2		3			8	5	
					2			6

No. 296

	4		6					
6				1		5		7
		8						2
			4		7		8	
7				5				1
	9		1		3			
5						1		
2		6		7				9
					9		3	

No. 297

			7				5	
	1		8			7		4
5				3				9
6		8			4			
	2						9	
			5			1		6
3				9				2
8		5			2		3	
	4				3			

No. 298

		3					8	
	1			5		6	7	
9			1					
			9		7			3
	7			6			5	
4			5		2			
					4			2
	8	1		7			4	
	6					5		

No. 299

	6			3				
5	3		1					
	7	2						
9		3	6			4		
7			5		1			2
		5			7	8		9
						7	6	
					4		5	8
			8				9	

No. 300

	4			9	2			
		5	4		8			
1	8	9						
	7			4	1			
8								3
			9	7			6	
						1	4	2
			3		6	9		
			2	5			3	

No. 301

					3			1
	4						8	6
		1		9			5	
		8		1		4		
			3		2			
		2		6		7		
	5			4		1		
8	6						9	
3			2					

157

No. 302

	8					6	3	
1				4			7	
					2	1		
3				1				8
			2		9			
9				6				5
		2	9					
	7			8				1
	6	3					4	

No. 303

	5				6		3	
1					5		2	
						6		5
4		2	1				7	
			4		3			
	7				2	4		6
5		1						
	3		9					2
	8		6				4	

No. 304

		1		2		3		7
6	7		1					
			4					9
5	9		7					8
	6						5	
1					2		9	4
8					9			
					5		8	2
3		9		7		5		

No. 305

4				9			3	
	1				6			
	7	9			5	2		
1	8				4			
		3				9		
			7				2	3
		4	5			3	8	
			8				4	
	6			2				7

No. 306

5				6			9	
3		1						8
		4	7					
	7			3			2	
			4		7			
	1			9			6	
					4	9		
6						3		1
	9			8				5

No. 307

	8							7
7				6			2	3
		9	5					
			4		6	5		
1				2				6
		7	1		9			
					8	4		
6	3			1				5
2							1	

No. 308

9	8				4			7
		1	6				8	
		6	7					
6	1		8	9				
				7	3		2	6
				8	3			
	3				7	1		
1			4				9	5

No. 309

						2		6
	6				2		8	
3					6		4	
	5				4	9		2
			9		8			
9		4	3				5	
	8		1					4
	7		2				9	
6		3						

No. 310

		2	7				1	8
	1		3				9	
		6			4			7
3	7							
		4				2		
							8	5
4			1			7		
	2				3		6	
6	9				2	1		

No. 311

			7			8		
		2		5				4
	8		3			7	1	
6		7			8			
	1						9	
			4			5		1
	9	4			3		5	
8				9		1		
		6			2			

No. 312

8	6			1				
		9	5			2	6	
			3				5	8
6						7	8	
	1	7						4
4	9				7			
	2	1			8	6		
				4			1	9

No. 313

		7		5	9			
						1		
	5	2	1					
9				6			3	
	8		5		7		1	
	3			1				4
					2	7	4	
		8						
			6	8		2		

No. 314

6	7				9			
4		3						
1				7				
	1	7			3	6		
	2		6		8		3	
		9	4			5	1	
				5				4
						2		3
			8				6	5

No. 315

8		1	2				4	
	5		4					
		4		9		2		
					8	7		6
	2						9	
1		7	5					
		8		4		9		
					3		8	
	6				1	5		3

No. 316

			1			8		
	8		9			3		
3					5		6	2
4	3			6	1			
			8	9			7	4
6	1		5					9
		3			4		1	
		4			9			

No. 317

6								3
			7	3			9	
4		7	2		9		8	
			8			7	3	
8								4
	5	2			4			
	1		5		3	9		6
	4			1	7			
5								7

No. 318

5				1		7		
	7				6			
3	9							8
		4		9		2		
			6		2			
		8		7		3		
1							3	9
			2				6	
		7		8				5

No. 319

		5	2					4
	4				8	3	9	
			1					5
	7	4		3	1			
			5	2		6	7	
7					2			
	3	1	8				2	
4					7	1		

No. 320

							6	4
		1			9	2		
	5				8	7		
1	9		5			3		
			7		1			
		3			4		1	5
		5	6				4	
		7	9			6		
9	6							

No. 321

		3			9			
	4			5		1		
7		9			2			3
	7	5			4			
6								7
			3			9	8	
5			2			4		6
		7		6			3	
			1			8		

167

No. 322

		9			4		7	
	3				1		5	
						8		6
3		1	9				2	
			7		3			
	2				6	3		9
1		8						
	7		1				8	
	9		8			6		

No. 323

					4		7	
	6			1		9		
2					8		5	1
	2	6	5					
1								6
					9	7	3	
6	3		8					9
		5		2			4	
	9		3					

No. 324

```
4 . . | . . . | 9 . 2
. . . | 4 . 6 | . 1 .
. 1 9 | . . . | . . .
------+-------+------
. . 2 | 5 8 . | . . .
5 9 . | . . . | . 2 1
. . . | 7 9 . | 8 . .
------+-------+------
. . . | . . . | 1 5 .
. 6 . | 8 . 3 | . . .
3 . 5 | . . . | . . 8
```

No. 325

```
6 8 . | . 7 . | . . 9
5 . . | . . . | . . .
. . . | . . 9 | 3 . 8
------+-------+------
. . . | 1 . . | 4 . .
7 . . | . 5 . | . . 2
. . 9 | . . 3 | . . .
------+-------+------
9 . 1 | 8 . . | . . .
. . . | . . . | . . 6
8 . . | . 2 . | . 5 7
```

169

No. 326

7	4							
						6		
		1		2			3	
			8			2		4
		3				9		
1		6			7			
	9			6		5		
		5						
							4	8

No. 327

				1			4	
	5		7					
		9					3	
		8				5		
2				3				9
		1				7		
	7					6		
					9		8	
	4			2				

No. 328

				2			3	9
								1
		7		1	4	2		
					7	5		
9				3				2
		8	6					
		9	8	5		6		
3								
1	4			9				

No. 329

					7		8	
9		1		6			7	4
4								
	7				5			
6				1				2
			8				4	
								1
7	4			2		9		6
	5		3					

No. 330

4				2				
					1			7
9						3		
		7				6		
	2			5			1	
		8				9		
		1						5
6			9					
				8				4

No. 331

			4	2		5		
3	9			7				
	2							
					6	8		
	7	8		3		4	9	
		1	5					
							3	
				9			2	4
		6		1	8			

No. 332

					8		2	
8		9						3
4		5		1				
			2				9	
		1		4		7		
	8				6			
				7		1		5
7						4		8
	6		3					

No. 333

1								
				3	7		9	
6		8		2				
	5				4			
2	8			1			7	6
			9				3	
				6		1		8
	4		3	5				
								5

173

No. 334

5		7	9					
				8			1	5
		8					3	
		3			7			
4	6			5			8	7
			4			9		
	5					1		
1	8			6				
					2	4		8

No. 335

	7							
8				6		9		
		2	3		4			6
3		8		5	9		2	
	9		2	1		3		8
4			8		5	2		
		3		2				1
							7	

No. 336

5	8			1				
		1			9	3		
4								
		9			2			
1		6		8		5		7
			3			4		
								8
		2	6			7		
				7			5	1

No. 337

3						7		
	4		9	2				1
			7			6		
			6					
9								4
					8			
		8			5			
5				3	4		1	
		7						2

No. 338

			6			4	9	
		7						
5	4			2			8	1
	6				1	5		
			2		7			
		9	4				3	
4	5			9			6	3
						8		
	1	2			8			

No. 339

	7							8
			5				3	
	4			6				
9								7
		6		1		5		
3								2
				9			4	
	2				7			
5							1	

176

No. 340

				5		9		8
	4		2	6				
								7
			4				2	
3	2			7			9	5
	6				1			
8								
			8	9			1	
5		7	3					

No. 341

8				9				6
		1		4			2	
		4	3					9
	2				4		6	
			7		5			
	8		9				7	
4					7	1		
	1			3		9		
3				1				7

No. 342

				3			7	6
		5	9					
8							2	9
		2			5			
	4			6			3	
			1			9		
9	6							4
					8	1		
7	3			4				

No. 343

	4							
2	6			7				
		7	8	1		3		
					9	1		
	7			4			5	
		8	3					
		9		6	2	5		
				5			7	4
							6	

No. 344

				5		2		8
	7	2	1					
	5							3
			6				1	
4		6		2		7		5
	3				7			
2							8	
					9	5	6	
5		8		4				

No. 345

4					7	2		
	3			2		1		
5				4				9
	6				4		9	
			8		6			
	5		2				3	
6				1				7
		4		7			1	
		1	6					2

No. 346

				5		8	9	
		5				6	2	
7					4			
					1			3
	9			2			5	
6			7					
			6					1
	3	6				4		
	8	2		9				

No. 347

							3	
6		5						
	3			2		9		
5	7		6					
	9						1	
					8		2	4
		1		7			4	
						5		8
	2							

Answers

No. 1

8	9	7	6	4	2	3	1	5
5	1	4	3	9	7	6	8	2
3	6	2	5	1	8	4	7	9
6	2	9	8	7	1	5	4	3
7	3	5	4	6	9	8	2	1
4	8	1	2	5	3	9	6	7
9	4	6	1	2	5	7	3	8
2	7	3	9	8	4	1	5	6
1	5	8	7	3	6	2	9	4

No. 2

9	7	1	5	3	8	4	6	2
6	5	3	9	4	2	7	1	8
4	8	2	7	1	6	5	9	3
3	2	4	6	5	1	8	7	9
8	1	7	2	9	4	6	3	5
5	6	9	3	8	7	2	4	1
1	9	6	8	7	5	3	2	4
7	4	5	1	2	3	9	8	6
2	3	8	4	6	9	1	5	7

No. 3

2	5	3	4	6	9	8	7	1
7	9	4	3	1	8	6	5	2
8	1	6	5	2	7	9	3	4
6	3	5	7	8	2	1	4	9
9	2	7	6	4	1	5	8	3
4	8	1	9	5	3	2	6	7
3	7	8	2	9	5	4	1	6
5	4	2	1	7	6	3	9	8
1	6	9	8	3	4	7	2	5

No. 4

8	9	4	7	3	1	5	2	6
2	7	1	6	5	8	9	4	3
5	3	6	9	2	4	1	8	7
9	8	3	2	6	7	4	5	1
1	6	5	4	8	9	3	7	2
7	4	2	3	1	5	8	6	9
4	1	7	5	9	6	2	3	8
6	2	9	8	4	3	7	1	5
3	5	8	1	7	2	6	9	4

No. 5

7	8	1	5	3	9	4	2	6
5	6	2	4	8	1	9	7	3
9	4	3	2	6	7	1	5	8
3	1	7	6	9	5	8	4	2
8	2	9	1	4	3	5	6	7
6	5	4	8	7	2	3	9	1
1	9	8	7	5	6	2	3	4
2	7	5	3	1	4	6	8	9
4	3	6	9	2	8	7	1	5

No. 6

2	7	1	8	9	3	6	5	4
4	3	6	7	2	5	8	1	9
9	8	5	1	4	6	7	3	2
3	6	9	5	7	8	4	2	1
8	4	2	3	1	9	5	7	6
1	5	7	4	6	2	3	9	8
7	2	8	6	3	1	9	4	5
6	9	3	2	5	4	1	8	7
5	1	4	9	8	7	2	6	3

No. 7

2	7	8	9	1	5	6	3	4
4	1	3	8	7	6	2	5	9
9	6	5	2	4	3	8	1	7
5	9	1	3	8	7	4	2	6
3	8	7	4	6	2	1	9	5
6	2	4	1	5	9	7	8	3
7	4	2	5	3	8	9	6	1
1	3	9	6	2	4	5	7	8
8	5	6	7	9	1	3	4	2

No. 8

3	6	1	2	7	9	5	4	8
2	8	9	6	5	4	3	7	1
4	5	7	8	1	3	2	9	6
8	4	6	5	9	7	1	3	2
7	3	2	1	4	6	8	5	9
1	9	5	3	8	2	4	6	7
5	2	4	7	6	1	9	8	3
6	1	8	9	3	5	7	2	4
9	7	3	4	2	8	6	1	5

No. 9

3	6	9	2	7	8	1	5	4
7	4	1	5	3	9	2	6	8
2	8	5	1	6	4	9	7	3
5	9	3	4	2	7	6	8	1
4	1	6	8	5	3	7	9	2
8	2	7	9	1	6	4	3	5
9	3	8	6	4	1	5	2	7
1	7	2	3	9	5	8	4	6
6	5	4	7	8	2	3	1	9

No. 10

6	8	5	3	1	4	2	7	9
9	2	1	5	7	6	4	3	8
3	4	7	9	8	2	1	6	5
5	7	3	8	2	1	9	4	6
4	1	6	7	5	9	3	8	2
2	9	8	6	4	3	7	5	1
1	6	2	4	3	5	8	9	7
8	5	4	1	9	7	6	2	3
7	3	9	2	6	8	5	1	4

No. 11

5	8	1	3	4	2	9	6	7
9	2	4	8	6	7	1	3	5
3	6	7	5	1	9	8	4	2
6	4	2	9	8	5	7	1	3
7	9	8	4	3	1	2	5	6
1	3	5	7	2	6	4	9	8
8	1	6	2	5	4	3	7	9
2	5	9	1	7	3	6	8	4
4	7	3	6	9	8	5	2	1

No. 12

7	3	8	6	2	5	9	4	1
5	4	1	9	3	7	8	2	6
9	2	6	1	4	8	5	3	7
6	9	5	3	7	2	4	1	8
2	1	3	8	9	4	6	7	5
4	8	7	5	6	1	2	9	3
3	5	9	4	1	6	7	8	2
1	6	2	7	8	9	3	5	4
8	7	4	2	5	3	1	6	9

No. 13

4	2	1	6	5	7	9	3	8
9	8	7	3	2	1	5	6	4
6	5	3	9	4	8	1	2	7
5	9	8	2	6	3	7	4	1
1	7	6	5	8	4	2	9	3
2	3	4	7	1	9	6	8	5
3	1	2	8	7	6	4	5	9
8	4	5	1	9	2	3	7	6
7	6	9	4	3	5	8	1	2

No. 14

5	1	3	8	4	9	6	7	2
4	6	9	2	1	7	8	5	3
8	7	2	5	6	3	9	4	1
1	9	6	4	3	8	5	2	7
2	3	4	9	7	5	1	6	8
7	8	5	6	2	1	4	3	9
9	2	1	3	5	4	7	8	6
3	4	7	1	8	6	2	9	5
6	5	8	7	9	2	3	1	4

No. 15

4	5	9	7	3	8	2	1	6
3	6	7	1	2	5	4	8	9
8	2	1	6	9	4	3	7	5
6	1	8	5	7	2	9	4	3
7	3	5	4	6	9	1	2	8
2	9	4	3	8	1	6	5	7
5	8	6	2	4	3	7	9	1
9	4	3	8	1	7	5	6	2
1	7	2	9	5	6	8	3	4

No. 16

9	5	7	1	4	2	8	6	3
4	8	2	6	3	5	9	1	7
6	3	1	8	9	7	5	4	2
5	2	8	7	1	4	3	9	6
7	1	9	3	5	6	4	2	8
3	4	6	9	2	8	7	5	1
8	9	5	2	7	1	6	3	4
2	7	3	4	6	9	1	8	5
1	6	4	5	8	3	2	7	9

No. 17

7	4	3	6	9	1	8	2	5
6	2	5	8	4	3	9	7	1
8	9	1	2	5	7	3	6	4
3	6	9	4	1	8	2	5	7
2	8	7	3	6	5	4	1	9
1	5	4	9	7	2	6	3	8
5	3	6	7	8	4	1	9	2
9	1	8	5	2	6	7	4	3
4	7	2	1	3	9	5	8	6

No. 18

2	1	9	4	3	5	8	6	7
6	4	8	7	1	9	3	2	5
5	3	7	6	2	8	9	1	4
1	9	6	2	8	7	4	5	3
8	7	2	5	4	3	6	9	1
3	5	4	9	6	1	2	7	8
4	6	1	3	5	2	7	8	9
7	8	3	1	9	6	5	4	2
9	2	5	8	7	4	1	3	6

No. 19

2	6	9	1	3	5	8	4	7
3	7	1	8	6	4	2	9	5
5	4	8	9	7	2	6	3	1
4	5	3	2	1	7	9	6	8
9	2	7	6	4	8	5	1	3
1	8	6	5	9	3	4	7	2
6	1	2	3	8	9	7	5	4
7	3	5	4	2	6	1	8	9
8	9	4	7	5	1	3	2	6

No. 20

4	1	9	3	6	2	5	7	8
7	8	6	1	4	5	3	9	2
2	3	5	8	7	9	1	4	6
9	5	4	6	8	3	7	2	1
3	6	2	7	9	1	8	5	4
1	7	8	2	5	4	6	3	9
8	4	3	5	2	6	9	1	7
6	2	1	9	3	7	4	8	5
5	9	7	4	1	8	2	6	3

No. 21

6	4	2	5	3	7	9	1	8
5	7	1	2	9	8	4	3	6
8	3	9	4	6	1	5	2	7
9	1	8	3	5	2	7	6	4
2	5	4	6	7	9	3	8	1
3	6	7	1	8	4	2	9	5
4	8	3	9	1	5	6	7	2
1	9	5	7	2	6	8	4	3
7	2	6	8	4	3	1	5	9

No. 22

3	9	8	1	4	5	2	6	7
2	5	7	9	8	6	3	1	4
1	4	6	2	7	3	9	5	8
5	8	2	3	6	9	4	7	1
4	6	9	7	1	8	5	3	2
7	1	3	4	5	2	8	9	6
8	2	5	6	9	7	1	4	3
9	7	1	8	3	4	6	2	5
6	3	4	5	2	1	7	8	9

No. 23

3	2	7	8	6	1	4	9	5
9	6	5	4	2	7	3	8	1
4	1	8	3	9	5	2	7	6
1	9	2	7	4	8	6	5	3
7	8	6	2	5	3	1	4	9
5	3	4	9	1	6	8	2	7
2	4	3	1	7	9	5	6	8
8	5	9	6	3	2	7	1	4
6	7	1	5	8	4	9	3	2

No. 24

3	1	2	8	7	9	5	4	6
6	8	9	5	2	4	3	7	1
4	5	7	1	3	6	9	8	2
1	7	8	6	5	3	2	9	4
5	2	4	7	9	8	1	6	3
9	3	6	4	1	2	7	5	8
8	9	5	2	6	1	4	3	7
7	4	1	3	8	5	6	2	9
2	6	3	9	4	7	8	1	5

No. 25

7	9	3	8	1	2	5	6	4
5	6	2	4	3	7	1	8	9
4	8	1	5	9	6	7	3	2
6	7	4	3	5	9	2	1	8
1	5	9	2	8	4	3	7	6
2	3	8	6	7	1	9	4	5
3	2	5	7	4	8	6	9	1
8	1	6	9	2	3	4	5	7
9	4	7	1	6	5	8	2	3

No. 26

1	8	9	5	2	3	7	6	4
4	7	5	6	9	8	3	1	2
3	6	2	4	1	7	8	5	9
8	2	4	7	3	1	6	9	5
9	3	6	8	5	2	1	4	7
5	1	7	9	6	4	2	3	8
7	4	1	3	8	9	5	2	6
6	9	3	2	7	5	4	8	1
2	5	8	1	4	6	9	7	3

No. 27

1	3	4	7	5	8	6	9	2
5	6	7	2	3	9	4	8	1
2	8	9	6	4	1	5	7	3
8	9	3	4	7	2	1	6	5
7	2	5	8	1	6	3	4	9
4	1	6	3	9	5	8	2	7
6	5	1	9	2	4	7	3	8
3	4	2	1	8	7	9	5	6
9	7	8	5	6	3	2	1	4

No. 28

3	8	5	1	2	9	6	4	7
9	2	6	7	4	8	5	3	1
4	1	7	6	5	3	9	2	8
2	9	3	5	8	6	1	7	4
8	7	4	9	1	2	3	6	5
6	5	1	4	3	7	8	9	2
5	6	9	2	7	1	4	8	3
7	4	8	3	9	5	2	1	6
1	3	2	8	6	4	7	5	9

No. 29

9	3	2	5	6	1	4	8	7
5	7	6	3	8	4	2	9	1
8	1	4	7	2	9	5	6	3
3	6	8	9	5	7	1	4	2
4	2	5	6	1	3	8	7	9
7	9	1	2	4	8	6	3	5
1	8	3	4	7	2	9	5	6
2	5	9	8	3	6	7	1	4
6	4	7	1	9	5	3	2	8

No. 30

3	5	1	2	4	6	9	8	7
4	8	7	3	5	9	6	2	1
2	6	9	8	7	1	3	4	5
7	9	4	1	3	8	2	5	6
6	3	2	4	9	5	1	7	8
5	1	8	7	6	2	4	9	3
8	2	5	9	1	3	7	6	4
1	4	6	5	2	7	8	3	9
9	7	3	6	8	4	5	1	2

No. 31

5	7	6	8	1	2	9	4	3
2	4	3	5	7	9	8	1	6
8	9	1	3	4	6	5	2	7
7	5	2	9	3	1	6	8	4
9	6	4	2	8	7	1	3	5
1	3	8	4	6	5	7	9	2
6	2	7	1	9	4	3	5	8
3	1	5	7	2	8	4	6	9
4	8	9	6	5	3	2	7	1

No. 32

5	2	9	6	8	4	3	7	1
3	1	7	9	2	5	4	8	6
6	4	8	1	3	7	2	5	9
4	6	2	8	1	9	7	3	5
9	5	3	7	4	6	8	1	2
8	7	1	2	5	3	9	6	4
1	8	4	3	6	2	5	9	7
7	3	5	4	9	1	6	2	8
2	9	6	5	7	8	1	4	3

No. 33

4	3	7	6	9	5	2	8	1
8	9	2	1	3	7	6	5	4
5	6	1	2	4	8	7	3	9
7	1	3	8	6	9	4	2	5
2	8	4	5	1	3	9	6	7
6	5	9	7	2	4	8	1	3
3	7	5	4	8	2	1	9	6
9	2	6	3	7	1	5	4	8
1	4	8	9	5	6	3	7	2

No. 34

7	2	6	5	4	9	8	1	3
8	5	1	3	2	6	9	7	4
4	9	3	7	8	1	5	6	2
3	7	2	6	5	4	1	8	9
9	6	8	2	1	7	4	3	5
1	4	5	8	9	3	7	2	6
2	8	7	9	6	5	3	4	1
5	3	4	1	7	2	6	9	8
6	1	9	4	3	8	2	5	7

No. 35

6	4	3	1	5	9	8	2	7
2	8	7	3	4	6	1	5	9
1	9	5	8	2	7	3	6	4
3	2	6	4	1	8	7	9	5
7	5	8	9	6	3	2	4	1
9	1	4	2	7	5	6	8	3
5	7	9	6	8	1	4	3	2
8	3	2	7	9	4	5	1	6
4	6	1	5	3	2	9	7	8

No. 36

9	6	8	4	5	3	7	2	1
5	4	7	2	8	1	9	3	6
1	3	2	7	9	6	8	4	5
6	2	5	1	7	4	3	8	9
4	8	1	9	3	2	5	6	7
3	7	9	8	6	5	2	1	4
7	9	4	6	2	8	1	5	3
8	1	3	5	4	7	6	9	2
2	5	6	3	1	9	4	7	8

No. 37

5	4	3	6	9	1	7	2	8
6	1	8	2	4	7	5	9	3
7	2	9	8	5	3	6	4	1
9	3	5	7	1	2	8	6	4
8	7	2	4	3	6	9	1	5
4	6	1	9	8	5	3	7	2
3	9	4	1	6	8	2	5	7
1	5	7	3	2	9	4	8	6
2	8	6	5	7	4	1	3	9

No. 38

4	5	9	6	1	2	3	8	7
8	6	7	4	5	3	1	9	2
1	3	2	9	8	7	6	4	5
3	7	6	2	9	8	5	1	4
2	9	1	5	3	4	8	7	6
5	8	4	1	7	6	2	3	9
9	4	8	3	6	5	7	2	1
7	2	5	8	4	1	9	6	3
6	1	3	7	2	9	4	5	8

No. 39

1	9	7	8	3	5	4	6	2
5	3	6	4	2	7	9	8	1
4	2	8	6	1	9	3	7	5
2	8	4	1	5	3	6	9	7
3	6	9	2	7	8	5	1	4
7	5	1	9	4	6	8	2	3
9	4	2	5	6	1	7	3	8
8	1	3	7	9	4	2	5	6
6	7	5	3	8	2	1	4	9

No. 40

7	1	4	6	8	9	2	5	3
6	3	9	5	2	1	4	8	7
5	8	2	3	7	4	6	9	1
9	2	5	8	6	3	7	1	4
8	4	1	2	9	7	3	6	5
3	7	6	1	4	5	8	2	9
4	5	8	9	3	2	1	7	6
2	9	3	7	1	6	5	4	8
1	6	7	4	5	8	9	3	2

No. 41

6	7	2	5	8	4	9	3	1
9	3	4	1	6	2	7	5	8
1	5	8	7	3	9	6	4	2
4	8	9	3	7	6	1	2	5
2	1	7	8	9	5	3	6	4
3	6	5	4	2	1	8	9	7
7	9	1	2	4	3	5	8	6
5	4	6	9	1	8	2	7	3
8	2	3	6	5	7	4	1	9

No. 42

8	3	5	9	4	1	6	2	7
7	9	6	5	3	2	4	1	8
1	2	4	6	7	8	3	9	5
6	7	9	3	1	4	5	8	2
4	8	3	2	5	7	9	6	1
5	1	2	8	6	9	7	3	4
3	5	7	1	2	6	8	4	9
2	6	8	4	9	5	1	7	3
9	4	1	7	8	3	2	5	6

No. 43

3	6	9	7	1	8	2	5	4
1	8	4	9	5	2	3	7	6
7	5	2	6	4	3	9	1	8
9	4	7	2	3	6	1	8	5
8	2	1	4	9	5	6	3	7
5	3	6	1	8	7	4	2	9
6	9	3	5	7	1	8	4	2
4	1	5	8	2	9	7	6	3
2	7	8	3	6	4	5	9	1

No. 44

5	3	4	6	8	9	1	7	2
8	7	6	1	2	4	9	5	3
1	9	2	3	7	5	8	6	4
9	6	5	2	1	3	7	4	8
7	8	3	5	4	6	2	9	1
2	4	1	8	9	7	5	3	6
3	1	9	4	5	2	6	8	7
6	5	8	7	3	1	4	2	9
4	2	7	9	6	8	3	1	5

No. 45

7	4	2	1	5	3	6	9	8
1	6	5	9	4	8	3	2	7
9	3	8	6	7	2	5	4	1
8	5	3	2	1	6	9	7	4
6	1	4	5	9	7	2	8	3
2	7	9	3	8	4	1	6	5
3	9	7	8	6	5	4	1	2
5	8	6	4	2	1	7	3	9
4	2	1	7	3	9	8	5	6

No. 46

8	5	2	9	6	3	4	1	7
7	1	9	8	4	5	3	2	6
4	6	3	2	7	1	8	5	9
3	9	6	4	5	2	7	8	1
1	8	7	3	9	6	5	4	2
2	4	5	1	8	7	6	9	3
9	3	4	7	1	8	2	6	5
5	2	1	6	3	4	9	7	8
6	7	8	5	2	9	1	3	4

No. 47

6	3	5	2	8	9	4	7	1
7	4	1	5	3	6	2	8	9
2	9	8	4	7	1	5	6	3
9	2	3	7	1	8	6	4	5
1	8	4	9	6	5	7	3	2
5	7	6	3	2	4	1	9	8
8	1	9	6	4	2	3	5	7
4	5	7	1	9	3	8	2	6
3	6	2	8	5	7	9	1	4

No. 48

8	3	2	7	1	4	6	9	5
1	4	5	8	6	9	2	7	3
9	7	6	2	3	5	8	1	4
7	2	4	6	8	1	3	5	9
6	5	1	3	9	2	7	4	8
3	8	9	5	4	7	1	6	2
5	9	7	1	2	8	4	3	6
2	1	3	4	5	6	9	8	7
4	6	8	9	7	3	5	2	1

No. 49

4	1	6	9	5	2	8	3	7
3	2	9	1	8	7	4	5	6
8	7	5	3	4	6	9	1	2
9	4	7	2	6	5	3	8	1
1	6	8	7	3	4	2	9	5
2	5	3	8	1	9	7	6	4
7	3	4	5	9	1	6	2	8
6	8	1	4	2	3	5	7	9
5	9	2	6	7	8	1	4	3

No. 50

6	9	7	5	8	3	4	2	1
3	4	1	7	6	2	5	8	9
5	8	2	1	4	9	3	6	7
8	1	3	2	5	4	9	7	6
7	5	4	9	1	6	8	3	2
9	2	6	8	3	7	1	5	4
4	6	9	3	7	5	2	1	8
2	3	8	6	9	1	7	4	5
1	7	5	4	2	8	6	9	3

No. 51

5	6	7	1	8	9	3	4	2
9	2	1	4	6	3	8	5	7
8	3	4	2	7	5	1	9	6
6	5	9	3	2	8	4	7	1
4	8	3	7	9	1	2	6	5
1	7	2	5	4	6	9	8	3
7	1	6	8	3	4	5	2	9
2	4	5	9	1	7	6	3	8
3	9	8	6	5	2	7	1	4

No. 52

1	4	8	7	5	9	2	6	3
6	3	2	1	4	8	5	7	9
7	5	9	3	6	2	1	8	4
2	8	3	5	1	4	6	9	7
9	6	4	2	3	7	8	5	1
5	7	1	8	9	6	3	4	2
3	9	5	6	7	1	4	2	8
4	2	6	9	8	3	7	1	5
8	1	7	4	2	5	9	3	6

No. 53

5	7	3	6	8	4	1	9	2
1	4	8	3	2	9	7	5	6
9	6	2	1	7	5	8	3	4
7	3	1	5	6	8	4	2	9
2	5	4	7	9	3	6	1	8
6	8	9	2	4	1	5	7	3
8	1	6	9	3	7	2	4	5
3	2	7	4	5	6	9	8	1
4	9	5	8	1	2	3	6	7

No. 54

9	5	6	1	7	4	3	8	2
3	1	7	8	9	2	4	6	5
2	4	8	5	3	6	1	7	9
8	2	1	7	4	3	5	9	6
5	7	3	6	1	9	2	4	8
6	9	4	2	5	8	7	3	1
1	3	5	9	8	7	6	2	4
4	6	9	3	2	1	8	5	7
7	8	2	4	6	5	9	1	3

No. 55

2	7	9	1	6	4	3	8	5
1	3	6	5	7	8	2	9	4
4	5	8	2	3	9	6	7	1
3	6	1	8	4	2	7	5	9
9	8	4	6	5	7	1	3	2
5	2	7	3	9	1	4	6	8
7	1	2	9	8	6	5	4	3
6	9	3	4	1	5	8	2	7
8	4	5	7	2	3	9	1	6

No. 56

7	8	3	2	6	1	9	5	4
2	6	9	3	5	4	7	8	1
4	1	5	7	9	8	2	6	3
6	3	1	8	7	9	4	2	5
5	2	4	1	3	6	8	7	9
9	7	8	5	4	2	1	3	6
3	4	7	9	8	5	6	1	2
8	9	2	6	1	3	5	4	7
1	5	6	4	2	7	3	9	8

No. 57

6	1	5	4	8	9	2	3	7
2	7	4	5	6	3	1	9	8
3	9	8	7	1	2	6	4	5
9	4	2	6	7	1	8	5	3
1	5	3	9	2	8	4	7	6
8	6	7	3	5	4	9	2	1
4	2	6	8	3	5	7	1	9
5	8	9	1	4	7	3	6	2
7	3	1	2	9	6	5	8	4

No. 58

2	6	9	4	8	3	5	7	1
3	4	1	2	7	5	6	9	8
5	8	7	1	9	6	3	4	2
9	5	4	3	6	8	2	1	7
6	7	2	5	1	9	8	3	4
8	1	3	7	2	4	9	5	6
1	9	5	8	4	2	7	6	3
7	2	6	9	3	1	4	8	5
4	3	8	6	5	7	1	2	9

No. 59

2	3	4	6	9	7	5	8	1
6	9	8	4	5	1	2	3	7
1	7	5	2	3	8	9	6	4
7	5	2	1	8	4	6	9	3
3	1	6	5	7	9	8	4	2
8	4	9	3	6	2	1	7	5
9	8	3	7	2	5	4	1	6
4	2	7	9	1	6	3	5	8
5	6	1	8	4	3	7	2	9

No. 60

1	6	3	7	2	4	5	9	8
5	2	8	6	1	9	4	7	3
4	9	7	5	8	3	2	6	1
2	3	9	4	7	6	1	8	5
6	8	5	1	9	2	3	4	7
7	4	1	3	5	8	9	2	6
3	5	6	2	4	7	8	1	9
8	1	2	9	6	5	7	3	4
9	7	4	8	3	1	6	5	2

No. 61

4	8	7	1	3	5	6	2	9
3	6	5	9	7	2	4	8	1
9	1	2	8	4	6	7	5	3
5	4	8	7	2	9	1	3	6
2	7	9	3	6	1	8	4	5
6	3	1	5	8	4	9	7	2
8	2	4	6	1	3	5	9	7
1	5	3	4	9	7	2	6	8
7	9	6	2	5	8	3	1	4

No. 62

5	2	4	3	8	9	6	7	1
3	1	7	4	2	6	5	9	8
6	9	8	5	7	1	4	3	2
9	7	5	8	1	3	2	4	6
4	6	3	9	5	2	1	8	7
1	8	2	7	6	4	9	5	3
8	4	6	1	9	7	3	2	5
2	5	9	6	3	8	7	1	4
7	3	1	2	4	5	8	6	9

No. 63

3	2	4	7	5	9	8	1	6
7	6	8	3	1	2	9	5	4
5	1	9	8	4	6	7	2	3
1	8	7	5	2	4	6	3	9
2	4	6	9	3	8	5	7	1
9	5	3	1	6	7	4	8	2
4	3	2	6	7	5	1	9	8
8	7	1	4	9	3	2	6	5
6	9	5	2	8	1	3	4	7

No. 64

4	8	1	5	2	3	7	6	9
9	3	7	8	1	6	2	4	5
6	5	2	4	7	9	1	3	8
2	9	3	6	8	5	4	1	7
1	7	5	3	4	2	9	8	6
8	6	4	7	9	1	5	2	3
5	1	8	9	3	4	6	7	2
3	2	9	1	6	7	8	5	4
7	4	6	2	5	8	3	9	1

No. 65

4	2	3	5	7	8	6	1	9
7	6	8	4	1	9	2	5	3
5	9	1	3	6	2	8	7	4
6	7	4	8	9	5	1	3	2
2	3	9	1	4	6	7	8	5
8	1	5	2	3	7	4	9	6
9	4	7	6	8	3	5	2	1
3	5	6	7	2	1	9	4	8
1	8	2	9	5	4	3	6	7

No. 66

2	7	6	5	1	4	9	8	3
1	4	3	2	8	9	5	7	6
8	5	9	6	3	7	2	4	1
4	6	1	3	7	5	8	2	9
5	3	7	9	2	8	1	6	4
9	2	8	4	6	1	7	3	5
6	1	2	8	9	3	4	5	7
3	9	4	7	5	2	6	1	8
7	8	5	1	4	6	3	9	2

No. 67

8	3	5	7	2	9	1	4	6
1	9	6	8	3	4	5	7	2
4	2	7	1	6	5	9	8	3
5	8	2	4	9	7	3	6	1
6	7	9	3	1	2	4	5	8
3	4	1	6	5	8	7	2	9
9	6	4	5	8	1	2	3	7
2	5	8	9	7	3	6	1	4
7	1	3	2	4	6	8	9	5

No. 68

7	5	4	8	3	2	6	1	9
9	3	2	7	1	6	4	8	5
6	1	8	5	4	9	3	7	2
8	7	1	2	5	4	9	6	3
5	4	3	6	9	8	7	2	1
2	9	6	3	7	1	8	5	4
4	6	7	9	2	5	1	3	8
1	8	5	4	6	3	2	9	7
3	2	9	1	8	7	5	4	6

No. 69

6	9	8	1	3	4	5	2	7
1	3	5	9	7	2	4	6	8
7	4	2	8	5	6	9	3	1
3	1	9	4	6	5	7	8	2
4	2	6	3	8	7	1	5	9
5	8	7	2	1	9	3	4	6
8	7	4	5	2	1	6	9	3
2	5	1	6	9	3	8	7	4
9	6	3	7	4	8	2	1	5

No. 70

6	8	5	4	7	3	1	9	2
1	7	4	8	9	2	5	6	3
3	2	9	1	5	6	8	7	4
2	6	3	9	1	5	4	8	7
4	9	7	6	3	8	2	1	5
8	5	1	2	4	7	6	3	9
5	4	8	7	6	9	3	2	1
9	3	2	5	8	1	7	4	6
7	1	6	3	2	4	9	5	8

No. 71

1	9	2	6	5	3	8	7	4
6	7	5	9	8	4	2	1	3
4	3	8	1	2	7	5	6	9
8	5	9	3	6	1	7	4	2
3	6	4	7	9	2	1	8	5
7	2	1	8	4	5	9	3	6
5	4	7	2	1	6	3	9	8
2	8	3	4	7	9	6	5	1
9	1	6	5	3	8	4	2	7

No. 72

8	6	3	1	7	5	9	4	2
2	5	9	4	6	3	7	1	8
1	4	7	8	2	9	6	5	3
3	1	4	5	9	8	2	6	7
7	8	6	2	3	4	5	9	1
9	2	5	7	1	6	3	8	4
6	3	2	9	4	1	8	7	5
4	9	8	3	5	7	1	2	6
5	7	1	6	8	2	4	3	9

No. 73

7	5	6	1	2	4	9	3	8
8	4	2	9	3	5	1	7	6
1	3	9	7	8	6	5	2	4
2	7	4	6	9	1	8	5	3
5	6	3	8	7	2	4	1	9
9	8	1	5	4	3	7	6	2
6	2	8	4	1	7	3	9	5
4	1	5	3	6	9	2	8	7
3	9	7	2	5	8	6	4	1

No. 74

2	8	1	3	9	5	7	4	6
7	4	5	6	2	1	9	3	8
3	6	9	7	4	8	5	2	1
5	9	8	1	3	2	6	7	4
6	1	2	4	8	7	3	5	9
4	7	3	5	6	9	8	1	2
8	3	4	2	5	6	1	9	7
1	2	6	9	7	3	4	8	5
9	5	7	8	1	4	2	6	3

No. 75

5	3	4	1	2	7	9	6	8
6	2	9	5	3	8	7	4	1
7	8	1	6	4	9	3	5	2
3	9	7	4	8	1	6	2	5
2	5	8	9	6	3	1	7	4
4	1	6	2	7	5	8	9	3
9	7	3	8	5	2	4	1	6
8	6	5	7	1	4	2	3	9
1	4	2	3	9	6	5	8	7

No. 76

6	8	1	3	2	7	5	4	9
5	9	2	8	6	4	3	7	1
3	7	4	5	1	9	2	8	6
7	2	5	1	9	3	8	6	4
9	1	8	6	4	5	7	2	3
4	3	6	2	7	8	9	1	5
8	6	7	9	5	1	4	3	2
2	5	3	4	8	6	1	9	7
1	4	9	7	3	2	6	5	8

No. 77

6	7	1	5	4	9	3	8	2
9	5	8	7	2	3	4	1	6
4	3	2	8	1	6	9	7	5
2	9	5	6	3	8	1	4	7
1	8	6	2	7	4	5	9	3
7	4	3	9	5	1	2	6	8
5	1	4	3	8	7	6	2	9
3	6	7	1	9	2	8	5	4
8	2	9	4	6	5	7	3	1

No. 78

5	1	3	8	4	2	6	7	9
9	2	6	5	7	1	3	4	8
4	7	8	3	9	6	1	2	5
8	9	1	6	2	5	7	3	4
6	5	7	1	3	4	8	9	2
3	4	2	9	8	7	5	1	6
1	8	9	4	5	3	2	6	7
7	3	5	2	6	9	4	8	1
2	6	4	7	1	8	9	5	3

No. 79

4	5	8	3	6	2	1	7	9
9	2	6	1	7	8	5	4	3
1	7	3	5	9	4	6	2	8
7	9	4	8	2	1	3	5	6
5	3	1	7	4	6	9	8	2
8	6	2	9	5	3	4	1	7
3	4	7	2	1	9	8	6	5
2	1	9	6	8	5	7	3	4
6	8	5	4	3	7	2	9	1

No. 80

1	5	4	9	3	7	2	6	8
9	7	6	8	2	5	1	4	3
8	3	2	1	4	6	7	5	9
3	6	5	2	1	4	9	8	7
7	2	8	6	5	9	3	1	4
4	1	9	7	8	3	5	2	6
5	4	1	3	7	8	6	9	2
6	8	7	5	9	2	4	3	1
2	9	3	4	6	1	8	7	5

No. 81

4	8	6	3	2	5	7	9	1
7	5	3	6	1	9	4	2	8
1	9	2	7	4	8	6	5	3
6	2	7	4	8	1	9	3	5
9	3	1	5	6	7	8	4	2
5	4	8	2	9	3	1	7	6
8	6	4	9	3	2	5	1	7
3	7	9	1	5	6	2	8	4
2	1	5	8	7	4	3	6	9

No. 82

5	6	3	1	4	2	7	9	8
2	7	4	9	8	6	1	3	5
8	1	9	5	3	7	6	2	4
1	8	5	6	2	9	4	7	3
3	9	6	7	1	4	8	5	2
4	2	7	3	5	8	9	6	1
6	5	1	4	7	3	2	8	9
9	4	2	8	6	5	3	1	7
7	3	8	2	9	1	5	4	6

No. 83

5	2	3	7	8	1	6	4	9
4	1	7	6	9	3	8	5	2
6	9	8	2	5	4	1	7	3
2	5	4	9	3	8	7	6	1
7	8	9	1	4	6	3	2	5
1	3	6	5	2	7	4	9	8
9	6	1	8	7	2	5	3	4
8	4	5	3	6	9	2	1	7
3	7	2	4	1	5	9	8	6

No. 84

9	3	6	4	1	7	5	8	2
2	5	7	9	3	8	1	4	6
4	1	8	2	6	5	3	7	9
5	8	4	3	9	2	7	6	1
7	2	9	1	5	6	8	3	4
3	6	1	8	7	4	2	9	5
1	4	5	6	8	3	9	2	7
6	7	3	5	2	9	4	1	8
8	9	2	7	4	1	6	5	3

No. 85

2	5	8	1	4	7	6	3	9
6	9	7	2	8	3	1	4	5
4	1	3	9	5	6	7	8	2
7	8	5	3	1	2	9	6	4
1	6	9	5	7	4	3	2	8
3	4	2	8	6	9	5	1	7
8	7	1	6	2	5	4	9	3
9	2	4	7	3	1	8	5	6
5	3	6	4	9	8	2	7	1

No. 86

8	9	3	1	6	7	4	2	5
5	1	4	8	2	3	9	7	6
6	2	7	5	4	9	1	8	3
3	4	9	7	5	1	8	6	2
1	5	2	4	8	6	7	3	9
7	6	8	9	3	2	5	1	4
2	7	5	6	9	8	3	4	1
4	3	1	2	7	5	6	9	8
9	8	6	3	1	4	2	5	7

No. 87

4	8	9	6	5	2	3	7	1
3	6	2	1	8	7	4	5	9
5	1	7	9	3	4	8	2	6
2	9	1	7	6	3	5	8	4
6	5	3	8	4	9	7	1	2
7	4	8	2	1	5	6	9	3
9	3	4	5	2	8	1	6	7
8	2	6	4	7	1	9	3	5
1	7	5	3	9	6	2	4	8

No. 88

5	2	8	1	4	3	6	9	7
4	7	9	6	2	8	5	3	1
3	6	1	7	9	5	8	2	4
8	4	5	2	7	6	3	1	9
6	1	2	9	3	4	7	5	8
9	3	7	5	8	1	4	6	2
2	8	3	4	6	9	1	7	5
7	5	6	8	1	2	9	4	3
1	9	4	3	5	7	2	8	6

No. 89

8	9	7	6	4	5	1	2	3
6	5	3	7	2	1	4	8	9
1	4	2	3	9	8	5	6	7
9	2	5	8	3	6	7	1	4
4	6	8	9	1	7	2	3	5
3	7	1	2	5	4	8	9	6
2	1	6	4	7	9	3	5	8
7	3	9	5	8	2	6	4	1
5	8	4	1	6	3	9	7	2

No. 90

1	3	5	7	9	4	8	2	6
6	4	2	5	1	8	9	7	3
9	8	7	2	3	6	1	4	5
8	9	4	3	5	2	6	1	7
2	6	3	1	8	7	4	5	9
7	5	1	6	4	9	2	3	8
4	1	8	9	7	5	3	6	2
5	2	9	4	6	3	7	8	1
3	7	6	8	2	1	5	9	4

No. 91

5	7	6	8	2	3	1	9	4
4	1	3	7	9	5	6	2	8
8	2	9	1	6	4	7	5	3
6	4	7	9	5	1	8	3	2
9	5	8	2	3	7	4	1	6
1	3	2	6	4	8	5	7	9
3	9	5	4	1	6	2	8	7
2	8	4	5	7	9	3	6	1
7	6	1	3	8	2	9	4	5

No. 92

1	5	8	7	2	3	6	4	9
6	4	3	9	1	5	2	8	7
9	2	7	8	4	6	5	3	1
8	7	2	1	3	9	4	6	5
5	9	1	6	8	4	3	7	2
3	6	4	2	5	7	9	1	8
7	1	6	3	9	2	8	5	4
2	3	5	4	7	8	1	9	6
4	8	9	5	6	1	7	2	3

No. 93

6	9	7	4	1	3	5	8	2
2	1	4	5	8	6	7	3	9
5	8	3	2	7	9	1	6	4
4	2	5	8	6	1	3	9	7
9	7	1	3	2	5	6	4	8
3	6	8	7	9	4	2	5	1
7	5	6	9	4	2	8	1	3
8	3	9	1	5	7	4	2	6
1	4	2	6	3	8	9	7	5

No. 94

4	9	3	7	8	1	5	6	2
7	5	8	2	9	6	1	4	3
1	6	2	4	5	3	7	9	8
6	2	7	8	1	5	4	3	9
8	4	5	3	7	9	6	2	1
9	3	1	6	4	2	8	7	5
5	7	4	9	2	8	3	1	6
3	1	9	5	6	7	2	8	4
2	8	6	1	3	4	9	5	7

No. 95

4	3	7	8	5	6	2	9	1
8	5	9	7	1	2	3	6	4
2	1	6	3	4	9	5	7	8
1	6	2	5	8	4	9	3	7
5	9	3	6	7	1	8	4	2
7	8	4	9	2	3	6	1	5
3	2	1	4	9	8	7	5	6
6	4	5	2	3	7	1	8	9
9	7	8	1	6	5	4	2	3

No. 96

6	5	1	8	3	2	7	9	4
2	4	3	9	6	7	5	1	8
7	8	9	4	5	1	6	2	3
1	9	5	3	7	6	8	4	2
3	7	4	5	2	8	9	6	1
8	6	2	1	4	9	3	5	7
4	1	7	6	8	5	2	3	9
5	3	8	2	9	4	1	7	6
9	2	6	7	1	3	4	8	5

No. 97

3	4	2	5	7	9	6	1	8
7	8	1	2	4	6	5	9	3
5	9	6	3	8	1	2	4	7
4	1	5	9	3	2	7	8	6
9	2	7	8	6	5	1	3	4
8	6	3	7	1	4	9	2	5
2	3	8	1	5	7	4	6	9
1	5	4	6	9	8	3	7	2
6	7	9	4	2	3	8	5	1

No. 98

5	4	3	2	7	9	8	1	6
6	8	9	4	3	1	5	7	2
2	7	1	6	5	8	9	3	4
8	6	2	7	4	3	1	9	5
3	5	4	1	9	6	7	2	8
1	9	7	8	2	5	4	6	3
9	2	8	3	1	4	6	5	7
7	1	6	5	8	2	3	4	9
4	3	5	9	6	7	2	8	1

No. 99

6	4	1	8	9	2	3	7	5
3	2	8	7	1	5	9	4	6
5	9	7	6	4	3	1	8	2
9	8	2	1	5	6	4	3	7
1	7	5	4	3	8	6	2	9
4	3	6	9	2	7	8	5	1
2	5	9	3	6	4	7	1	8
8	6	4	5	7	1	2	9	3
7	1	3	2	8	9	5	6	4

No. 100

1	6	9	8	4	7	3	2	5
4	7	5	9	2	3	1	6	8
2	8	3	6	5	1	9	7	4
8	3	2	4	7	5	6	9	1
5	4	7	1	6	9	8	3	2
6	9	1	2	3	8	4	5	7
9	2	4	5	1	6	7	8	3
7	1	6	3	8	2	5	4	9
3	5	8	7	9	4	2	1	6

No. 101

3	4	7	1	8	5	2	9	6
9	8	6	7	2	3	1	5	4
5	2	1	6	4	9	3	8	7
8	7	5	4	3	6	9	1	2
2	1	4	8	9	7	5	6	3
6	3	9	2	5	1	4	7	8
4	6	2	5	1	8	7	3	9
1	9	8	3	7	4	6	2	5
7	5	3	9	6	2	8	4	1

No. 102

6	8	2	7	3	1	5	9	4
7	5	4	9	8	6	3	2	1
1	3	9	5	4	2	6	8	7
5	7	1	6	2	8	9	4	3
3	2	8	4	7	9	1	5	6
4	9	6	1	5	3	2	7	8
2	1	7	3	9	4	8	6	5
8	6	5	2	1	7	4	3	9
9	4	3	8	6	5	7	1	2

No. 103

2	5	4	6	8	3	7	1	9
7	8	9	2	1	4	6	3	5
6	1	3	7	5	9	8	4	2
3	9	6	5	4	2	1	7	8
8	2	5	1	3	7	9	6	4
4	7	1	8	9	6	5	2	3
1	3	2	9	7	8	4	5	6
9	4	7	3	6	5	2	8	1
5	6	8	4	2	1	3	9	7

No. 104

7	9	6	1	2	5	3	4	8
4	1	8	7	3	9	5	2	6
5	3	2	6	8	4	7	1	9
3	8	7	2	6	1	9	5	4
9	2	4	3	5	7	8	6	1
6	5	1	9	4	8	2	7	3
2	4	9	8	7	6	1	3	5
8	6	3	5	1	2	4	9	7
1	7	5	4	9	3	6	8	2

No. 105

5	4	8	2	7	1	3	9	6
1	2	9	3	6	8	4	5	7
6	3	7	4	5	9	1	2	8
3	8	2	9	1	7	6	4	5
9	5	1	6	2	4	8	7	3
7	6	4	5	8	3	2	1	9
4	9	5	8	3	2	7	6	1
8	1	6	7	4	5	9	3	2
2	7	3	1	9	6	5	8	4

No. 106

4	2	9	6	7	1	3	5	8
5	1	3	8	9	2	7	4	6
7	8	6	5	4	3	1	2	9
1	6	2	3	8	5	9	7	4
9	4	8	2	1	7	6	3	5
3	5	7	9	6	4	8	1	2
2	9	5	7	3	6	4	8	1
8	3	1	4	5	9	2	6	7
6	7	4	1	2	8	5	9	3

No. 107

3	9	5	1	8	4	6	2	7
7	8	4	9	2	6	5	3	1
1	6	2	5	7	3	9	8	4
6	2	7	3	9	5	4	1	8
9	5	8	7	4	1	2	6	3
4	3	1	8	6	2	7	5	9
5	7	9	2	1	8	3	4	6
2	1	6	4	3	7	8	9	5
8	4	3	6	5	9	1	7	2

No. 108

5	4	2	1	8	6	7	3	9
7	3	9	2	4	5	6	8	1
6	8	1	9	3	7	5	4	2
4	2	6	7	1	8	3	9	5
8	1	7	5	9	3	4	2	6
3	9	5	6	2	4	8	1	7
1	7	3	4	5	9	2	6	8
2	6	8	3	7	1	9	5	4
9	5	4	8	6	2	1	7	3

No. 109

5	2	1	4	7	6	8	9	3
9	8	4	3	1	2	5	6	7
6	7	3	9	8	5	1	2	4
1	4	6	5	9	7	2	3	8
7	3	9	2	4	8	6	5	1
8	5	2	6	3	1	7	4	9
3	1	5	8	6	9	4	7	2
2	9	8	7	5	4	3	1	6
4	6	7	1	2	3	9	8	5

No. 110

2	3	1	8	5	9	6	4	7
6	4	8	2	3	7	1	5	9
9	7	5	6	1	4	2	3	8
3	8	7	4	6	1	9	2	5
5	2	9	7	8	3	4	6	1
1	6	4	5	9	2	7	8	3
8	9	6	1	4	5	3	7	2
7	5	3	9	2	6	8	1	4
4	1	2	3	7	8	5	9	6

No. 111

2	6	9	7	5	3	8	1	4
1	7	5	4	6	8	9	3	2
4	8	3	2	9	1	6	7	5
3	5	7	9	8	2	1	4	6
6	4	1	5	3	7	2	9	8
8	9	2	1	4	6	7	5	3
5	1	4	8	2	9	3	6	7
9	3	8	6	7	5	4	2	1
7	2	6	3	1	4	5	8	9

No. 112

3	1	2	5	9	7	8	4	6
9	8	6	1	3	4	5	2	7
4	7	5	8	6	2	1	9	3
6	3	8	2	7	9	4	5	1
1	4	9	3	5	8	6	7	2
2	5	7	6	4	1	3	8	9
7	9	3	4	1	5	2	6	8
5	2	1	9	8	6	7	3	4
8	6	4	7	2	3	9	1	5

No. 113

4	6	8	2	7	5	3	9	1
3	5	9	4	6	1	8	2	7
2	1	7	8	9	3	5	4	6
8	4	2	3	1	6	7	5	9
1	7	3	5	8	9	4	6	2
6	9	5	7	2	4	1	3	8
5	2	1	9	4	8	6	7	3
9	8	4	6	3	7	2	1	5
7	3	6	1	5	2	9	8	4

No. 114

1	4	3	5	6	7	8	9	2
6	2	7	9	8	4	3	1	5
9	8	5	2	1	3	6	4	7
2	6	4	8	3	9	5	7	1
3	9	1	7	4	5	2	6	8
7	5	8	6	2	1	9	3	4
8	3	9	1	7	2	4	5	6
4	7	2	3	5	6	1	8	9
5	1	6	4	9	8	7	2	3

No. 115

6	7	2	1	4	3	5	8	9
5	4	1	8	9	6	3	7	2
9	3	8	5	2	7	6	4	1
7	2	5	6	3	1	8	9	4
1	6	3	4	8	9	2	5	7
4	8	9	2	7	5	1	3	6
3	1	6	7	5	4	9	2	8
2	5	7	9	6	8	4	1	3
8	9	4	3	1	2	7	6	5

No. 116

5	9	6	8	1	2	7	3	4
2	1	7	4	9	3	6	5	8
4	8	3	7	5	6	9	1	2
9	2	1	5	6	8	3	4	7
6	5	8	3	4	7	2	9	1
7	3	4	1	2	9	5	8	6
1	7	9	6	8	5	4	2	3
8	6	2	9	3	4	1	7	5
3	4	5	2	7	1	8	6	9

No. 117

5	8	1	9	2	3	7	4	6
6	4	7	1	8	5	9	3	2
2	9	3	4	6	7	5	8	1
7	3	6	2	4	9	8	1	5
4	1	9	5	7	8	6	2	3
8	5	2	6	3	1	4	9	7
3	7	5	8	9	2	1	6	4
1	6	8	3	5	4	2	7	9
9	2	4	7	1	6	3	5	8

No. 118

1	4	7	9	2	5	8	3	6
2	6	5	3	8	1	9	7	4
8	9	3	4	6	7	5	2	1
4	7	8	5	9	6	3	1	2
5	2	6	1	3	8	7	4	9
3	1	9	2	7	4	6	8	5
7	3	4	6	5	2	1	9	8
9	5	1	8	4	3	2	6	7
6	8	2	7	1	9	4	5	3

No. 119

3	8	1	9	4	2	6	5	7
4	7	5	8	1	6	3	9	2
9	2	6	7	5	3	4	1	8
5	1	2	6	9	4	7	8	3
8	9	4	5	3	7	1	2	6
7	6	3	1	2	8	5	4	9
2	3	9	4	6	5	8	7	1
6	4	8	2	7	1	9	3	5
1	5	7	3	8	9	2	6	4

No. 120

5	7	8	6	4	9	1	2	3
6	4	2	3	1	7	9	5	8
3	9	1	2	8	5	7	6	4
7	8	3	4	5	2	6	1	9
2	1	6	8	9	3	5	4	7
9	5	4	1	7	6	3	8	2
4	3	9	5	6	8	2	7	1
1	6	7	9	2	4	8	3	5
8	2	5	7	3	1	4	9	6

No. 121

6	1	5	8	4	2	3	9	7
9	8	3	5	1	7	4	2	6
2	7	4	3	9	6	8	5	1
4	5	6	7	2	8	9	1	3
8	9	1	4	5	3	7	6	2
7	3	2	9	6	1	5	8	4
5	6	9	1	3	4	2	7	8
3	2	8	6	7	5	1	4	9
1	4	7	2	8	9	6	3	5

No. 122

4	8	2	7	3	5	6	1	9
9	5	6	1	2	8	4	3	7
1	7	3	4	6	9	5	8	2
3	2	9	5	8	7	1	4	6
5	4	1	6	9	3	2	7	8
7	6	8	2	1	4	9	5	3
6	9	7	3	4	1	8	2	5
2	3	4	8	5	6	7	9	1
8	1	5	9	7	2	3	6	4

No. 123

7	9	1	6	8	5	4	2	3
4	8	6	3	2	7	1	5	9
3	2	5	1	4	9	8	7	6
1	5	8	2	7	3	9	6	4
2	3	7	4	9	6	5	8	1
6	4	9	8	5	1	2	3	7
9	7	4	5	3	8	6	1	2
5	6	3	9	1	2	7	4	8
8	1	2	7	6	4	3	9	5

No. 124

3	1	4	6	5	9	8	2	7
7	9	5	3	2	8	1	6	4
8	2	6	4	7	1	3	9	5
5	3	8	9	6	2	4	7	1
1	4	2	8	3	7	6	5	9
9	6	7	1	4	5	2	3	8
6	5	3	7	1	4	9	8	2
4	7	9	2	8	3	5	1	6
2	8	1	5	9	6	7	4	3

No. 125

8	7	5	2	3	6	4	9	1
9	2	3	8	1	4	7	5	6
1	6	4	9	5	7	2	8	3
4	3	6	7	8	1	9	2	5
2	5	8	4	9	3	6	1	7
7	1	9	6	2	5	8	3	4
5	9	7	1	4	8	3	6	2
3	4	2	5	6	9	1	7	8
6	8	1	3	7	2	5	4	9

No. 126

2	5	4	1	3	8	6	9	7
3	9	7	6	2	4	1	5	8
6	8	1	5	7	9	4	3	2
8	1	5	2	4	3	9	7	6
7	6	9	8	1	5	2	4	3
4	2	3	7	9	6	5	8	1
5	3	2	9	6	7	8	1	4
1	7	8	4	5	2	3	6	9
9	4	6	3	8	1	7	2	5

No. 127

4	6	3	5	9	7	8	1	2
5	1	7	4	2	8	6	9	3
9	2	8	3	6	1	4	5	7
7	5	6	8	4	9	3	2	1
2	8	9	1	3	6	7	4	5
1	3	4	2	7	5	9	8	6
8	4	1	6	5	3	2	7	9
6	9	2	7	1	4	5	3	8
3	7	5	9	8	2	1	6	4

No. 128

6	9	3	5	8	2	1	7	4
7	8	4	1	6	3	2	9	5
1	2	5	9	7	4	6	3	8
5	6	8	7	1	9	3	4	2
3	7	2	8	4	5	9	1	6
9	4	1	2	3	6	8	5	7
4	5	9	3	2	8	7	6	1
2	3	7	6	5	1	4	8	9
8	1	6	4	9	7	5	2	3

No. 129

6	5	1	4	7	3	2	9	8
9	3	8	5	1	2	6	4	7
2	4	7	6	8	9	5	1	3
5	1	4	9	6	7	8	3	2
8	2	6	1	3	4	7	5	9
3	7	9	2	5	8	1	6	4
1	9	3	8	2	6	4	7	5
4	6	2	7	9	5	3	8	1
7	8	5	3	4	1	9	2	6

No. 130

6	7	8	9	4	2	3	5	1
1	5	2	3	6	8	7	4	9
9	3	4	7	1	5	8	6	2
7	9	3	4	2	6	5	1	8
8	6	5	1	7	9	4	2	3
4	2	1	5	8	3	6	9	7
5	1	6	8	9	7	2	3	4
3	8	9	2	5	4	1	7	6
2	4	7	6	3	1	9	8	5

No. 131

9	1	8	2	7	5	4	6	3
4	7	3	1	9	6	8	2	5
6	5	2	4	3	8	7	9	1
7	2	6	8	5	3	1	4	9
1	8	9	6	4	7	3	5	2
3	4	5	9	1	2	6	7	8
2	3	1	7	6	9	5	8	4
5	9	7	3	8	4	2	1	6
8	6	4	5	2	1	9	3	7

No. 132

9	2	7	8	1	6	3	4	5
3	4	1	2	5	7	9	8	6
8	5	6	3	4	9	1	2	7
6	3	8	1	2	4	5	7	9
5	1	9	6	7	8	4	3	2
2	7	4	5	9	3	8	6	1
1	6	3	9	8	2	7	5	4
7	8	5	4	6	1	2	9	3
4	9	2	7	3	5	6	1	8

No. 133

9	4	1	7	6	3	5	2	8
6	3	2	5	8	4	7	1	9
5	7	8	1	2	9	6	3	4
8	1	9	6	5	2	3	4	7
7	2	6	3	4	8	1	9	5
3	5	4	9	7	1	2	8	6
1	6	3	8	9	5	4	7	2
2	8	5	4	3	7	9	6	1
4	9	7	2	1	6	8	5	3

No. 134

6	9	3	1	2	7	4	8	5
4	8	7	9	5	3	1	6	2
1	5	2	6	4	8	3	7	9
5	2	4	3	6	9	8	1	7
9	3	1	8	7	2	6	5	4
8	7	6	4	1	5	2	9	3
2	1	8	5	9	4	7	3	6
7	6	5	2	3	1	9	4	8
3	4	9	7	8	6	5	2	1

No. 135

6	8	7	9	3	2	1	5	4
4	1	2	5	6	8	9	3	7
5	3	9	4	1	7	6	8	2
3	6	5	7	4	9	8	2	1
9	4	1	8	2	3	5	7	6
7	2	8	1	5	6	3	4	9
8	7	4	6	9	5	2	1	3
2	5	6	3	7	1	4	9	8
1	9	3	2	8	4	7	6	5

No. 136

2	3	6	7	4	5	1	9	8
9	8	4	6	1	2	7	5	3
7	1	5	3	8	9	6	4	2
4	5	3	8	2	6	9	7	1
1	9	7	4	5	3	2	8	6
8	6	2	1	9	7	4	3	5
3	4	1	2	7	8	5	6	9
5	2	8	9	6	4	3	1	7
6	7	9	5	3	1	8	2	4

No. 137

2	6	3	7	8	4	5	9	1
8	4	9	5	3	1	2	7	6
7	5	1	6	9	2	3	4	8
6	1	5	9	4	3	7	8	2
3	2	4	8	7	6	9	1	5
9	8	7	2	1	5	4	6	3
4	7	2	1	5	8	6	3	9
1	3	6	4	2	9	8	5	7
5	9	8	3	6	7	1	2	4

No. 138

8	4	1	2	5	9	6	3	7
3	5	9	7	6	1	4	2	8
2	7	6	4	8	3	9	1	5
6	8	4	5	9	2	1	7	3
7	1	3	6	4	8	2	5	9
9	2	5	3	1	7	8	4	6
5	9	2	8	3	4	7	6	1
4	6	8	1	7	5	3	9	2
1	3	7	9	2	6	5	8	4

No. 139

3	1	2	5	6	8	9	4	7
9	4	8	7	1	2	3	6	5
5	7	6	4	3	9	1	2	8
1	6	3	9	8	4	7	5	2
4	2	9	1	7	5	6	8	3
7	8	5	3	2	6	4	1	9
8	3	7	2	4	1	5	9	6
6	9	4	8	5	7	2	3	1
2	5	1	6	9	3	8	7	4

No. 140

8	5	7	4	9	6	1	2	3
2	6	1	3	8	5	4	9	7
4	9	3	2	1	7	8	6	5
1	4	2	6	3	9	5	7	8
3	8	5	1	7	2	6	4	9
6	7	9	5	4	8	2	3	1
7	1	4	8	6	3	9	5	2
5	3	8	9	2	4	7	1	6
9	2	6	7	5	1	3	8	4

No. 141

1	2	7	9	3	4	8	5	6
4	5	8	6	2	7	3	1	9
3	6	9	8	5	1	2	4	7
7	3	4	5	1	9	6	8	2
5	9	6	2	4	8	1	7	3
2	8	1	3	7	6	4	9	5
9	1	5	4	6	3	7	2	8
8	4	3	7	9	2	5	6	1
6	7	2	1	8	5	9	3	4

No. 142

2	3	5	8	6	4	7	9	1
7	6	1	3	2	9	8	5	4
9	4	8	5	1	7	2	3	6
6	1	2	4	9	8	3	7	5
4	8	7	1	5	3	9	6	2
3	5	9	6	7	2	1	4	8
8	2	4	9	3	5	6	1	7
1	7	3	2	4	6	5	8	9
5	9	6	7	8	1	4	2	3

No. 143

6	4	5	9	2	8	3	7	1
3	2	7	4	6	1	5	8	9
8	1	9	3	5	7	2	4	6
9	6	1	5	4	2	7	3	8
7	3	2	8	1	6	4	9	5
5	8	4	7	3	9	1	6	2
1	7	6	2	9	4	8	5	3
4	9	3	1	8	5	6	2	7
2	5	8	6	7	3	9	1	4

No. 144

1	9	8	4	5	2	3	7	6
2	4	5	6	3	7	8	1	9
7	6	3	9	8	1	5	2	4
6	5	2	3	7	9	1	4	8
4	8	1	5	2	6	7	9	3
9	3	7	8	1	4	2	6	5
3	2	6	7	9	8	4	5	1
8	7	9	1	4	5	6	3	2
5	1	4	2	6	3	9	8	7

No. 145

3	7	8	9	5	1	4	6	2
6	9	4	7	8	2	5	3	1
5	2	1	4	3	6	9	7	8
4	6	5	3	1	8	2	9	7
8	3	2	5	9	7	1	4	6
9	1	7	6	2	4	8	5	3
7	8	6	1	4	5	3	2	9
2	4	9	8	6	3	7	1	5
1	5	3	2	7	9	6	8	4

No. 146

9	5	3	6	1	4	2	7	8
7	4	2	8	5	9	1	6	3
1	6	8	7	2	3	9	4	5
8	2	4	1	9	6	3	5	7
6	7	9	3	4	5	8	1	2
3	1	5	2	8	7	4	9	6
5	3	1	4	6	8	7	2	9
2	9	7	5	3	1	6	8	4
4	8	6	9	7	2	5	3	1

No. 147

7	1	3	2	6	4	5	9	8
9	6	2	5	8	3	7	4	1
4	8	5	9	1	7	6	2	3
2	5	6	7	9	8	3	1	4
1	9	4	6	3	5	2	8	7
3	7	8	4	2	1	9	6	5
6	3	7	1	4	9	8	5	2
8	2	1	3	5	6	4	7	9
5	4	9	8	7	2	1	3	6

No. 148

2	1	7	9	3	5	4	6	8
5	4	8	7	2	6	9	3	1
6	9	3	1	8	4	7	5	2
7	8	1	2	6	9	5	4	3
4	3	6	8	5	7	1	2	9
9	2	5	3	4	1	6	8	7
1	6	2	4	9	8	3	7	5
8	7	4	5	1	3	2	9	6
3	5	9	6	7	2	8	1	4

No. 149

6	3	5	7	1	9	4	2	8
1	2	8	4	6	5	9	7	3
4	9	7	3	2	8	1	5	6
3	1	4	6	7	2	5	8	9
5	7	2	8	9	1	3	6	4
8	6	9	5	3	4	7	1	2
2	4	6	1	5	3	8	9	7
9	5	3	2	8	7	6	4	1
7	8	1	9	4	6	2	3	5

No. 150

6	2	1	4	8	5	9	3	7
3	4	8	6	9	7	5	2	1
7	5	9	3	1	2	6	8	4
8	1	7	5	2	4	3	6	9
5	6	3	9	7	8	1	4	2
4	9	2	1	3	6	7	5	8
1	8	6	2	5	9	4	7	3
9	7	4	8	6	3	2	1	5
2	3	5	7	4	1	8	9	6

No. 151

5	4	7	1	3	6	2	9	8
6	9	2	8	5	7	3	1	4
3	8	1	2	4	9	6	5	7
2	5	9	4	7	1	8	3	6
1	7	4	3	6	8	9	2	5
8	6	3	5	9	2	7	4	1
4	1	6	7	2	3	5	8	9
7	2	8	9	1	5	4	6	3
9	3	5	6	8	4	1	7	2

No. 152

1	3	7	4	6	9	8	5	2
6	5	4	8	3	2	9	1	7
9	8	2	7	1	5	6	4	3
2	6	3	5	9	1	4	7	8
4	1	8	2	7	3	5	9	6
5	7	9	6	4	8	3	2	1
7	2	5	3	8	4	1	6	9
3	9	6	1	5	7	2	8	4
8	4	1	9	2	6	7	3	5

No. 153

5	8	2	1	7	9	6	3	4
9	6	3	4	5	2	7	1	8
7	4	1	8	6	3	2	9	5
2	7	4	9	1	6	8	5	3
3	5	9	2	8	7	4	6	1
6	1	8	3	4	5	9	7	2
1	9	7	5	2	4	3	8	6
4	3	5	6	9	8	1	2	7
8	2	6	7	3	1	5	4	9

No. 154

6	5	7	2	8	1	9	3	4
4	8	9	3	6	5	2	1	7
1	3	2	7	4	9	6	5	8
2	1	3	6	5	7	8	4	9
8	9	4	1	2	3	5	7	6
7	6	5	4	9	8	3	2	1
5	7	8	9	3	4	1	6	2
9	2	1	5	7	6	4	8	3
3	4	6	8	1	2	7	9	5

No. 155

6	2	8	7	4	5	9	3	1
1	5	9	3	6	2	4	8	7
4	7	3	8	9	1	5	6	2
3	9	2	5	7	6	1	4	8
8	6	7	1	3	4	2	9	5
5	4	1	2	8	9	6	7	3
7	1	4	6	5	3	8	2	9
2	3	6	9	1	8	7	5	4
9	8	5	4	2	7	3	1	6

No. 156

1	7	3	6	8	4	5	2	9
2	4	5	9	7	1	3	6	8
6	9	8	3	2	5	1	7	4
9	8	2	1	4	7	6	3	5
5	6	1	8	3	9	2	4	7
4	3	7	5	6	2	8	9	1
3	5	4	7	1	6	9	8	2
8	2	9	4	5	3	7	1	6
7	1	6	2	9	8	4	5	3

No. 157

7	4	9	2	8	1	5	3	6
8	5	2	7	3	6	9	4	1
6	1	3	5	4	9	7	8	2
1	9	8	3	7	5	2	6	4
2	3	6	4	9	8	1	7	5
5	7	4	1	6	2	8	9	3
3	6	1	8	5	7	4	2	9
9	2	7	6	1	4	3	5	8
4	8	5	9	2	3	6	1	7

No. 158

3	8	6	7	9	1	4	2	5
4	1	9	5	2	3	6	7	8
5	2	7	6	8	4	3	1	9
7	9	2	4	6	5	8	3	1
8	6	5	1	3	2	9	4	7
1	3	4	8	7	9	5	6	2
6	4	1	9	5	7	2	8	3
2	5	8	3	1	6	7	9	4
9	7	3	2	4	8	1	5	6

No. 159

1	2	7	5	9	3	6	8	4
8	9	5	4	6	1	7	3	2
3	6	4	7	8	2	1	9	5
7	5	3	1	2	8	4	6	9
2	1	6	9	7	4	8	5	3
4	8	9	6	3	5	2	1	7
5	7	8	2	1	9	3	4	6
6	4	1	3	5	7	9	2	8
9	3	2	8	4	6	5	7	1

No. 160

8	6	9	5	3	1	2	7	4
3	7	5	9	2	4	1	6	8
1	4	2	6	8	7	5	3	9
7	2	4	1	9	5	6	8	3
5	9	8	7	6	3	4	2	1
6	3	1	8	4	2	9	5	7
2	8	3	4	5	9	7	1	6
9	5	7	3	1	6	8	4	2
4	1	6	2	7	8	3	9	5

No. 161

9	7	2	4	3	6	1	8	5
3	5	4	8	1	7	2	9	6
1	6	8	2	5	9	7	4	3
4	2	6	7	9	5	8	3	1
7	9	1	3	2	8	5	6	4
5	8	3	1	6	4	9	2	7
2	4	5	9	7	3	6	1	8
8	1	7	6	4	2	3	5	9
6	3	9	5	8	1	4	7	2

No. 162

5	6	7	3	4	2	1	8	9
2	3	4	9	1	8	5	6	7
8	9	1	7	5	6	2	3	4
6	7	5	4	2	3	8	9	1
3	4	2	1	8	9	6	7	5
9	1	8	5	6	7	3	4	2
7	5	6	2	3	4	9	1	8
4	2	3	8	9	1	7	5	6
1	8	9	6	7	5	4	2	3

No. 163

3	7	5	8	6	2	1	4	9
6	1	9	7	5	4	2	8	3
4	2	8	1	9	3	7	6	5
7	4	1	3	8	6	9	5	2
9	3	2	5	4	7	8	1	6
5	8	6	9	2	1	3	7	4
8	5	4	2	7	9	6	3	1
1	9	7	6	3	5	4	2	8
2	6	3	4	1	8	5	9	7

No. 164

6	1	3	8	7	9	2	4	5
4	5	2	1	3	6	7	9	8
9	8	7	5	2	4	3	6	1
5	7	9	2	4	1	6	8	3
8	3	6	7	9	5	4	1	2
1	2	4	3	6	8	9	5	7
3	4	1	6	8	7	5	2	9
2	9	5	4	1	3	8	7	6
7	6	8	9	5	2	1	3	4

No. 165

3	6	9	1	7	5	2	8	4
4	1	2	6	9	8	5	3	7
8	5	7	2	4	3	6	9	1
6	4	8	9	5	1	3	7	2
5	9	3	7	8	2	1	4	6
2	7	1	4	3	6	8	5	9
7	2	5	8	1	9	4	6	3
9	8	6	3	2	4	7	1	5
1	3	4	5	6	7	9	2	8

No. 166

6	1	7	4	3	5	2	9	8
9	8	3	1	2	7	5	6	4
2	5	4	8	9	6	7	1	3
4	3	6	7	1	9	8	2	5
8	2	5	6	4	3	1	7	9
7	9	1	5	8	2	3	4	6
3	6	2	9	5	1	4	8	7
1	4	9	3	7	8	6	5	2
5	7	8	2	6	4	9	3	1

No. 167

9	1	7	6	4	5	3	8	2
6	3	5	9	2	8	1	7	4
2	8	4	1	3	7	6	5	9
1	2	3	8	7	9	4	6	5
5	9	8	4	6	1	2	3	7
4	7	6	3	5	2	9	1	8
7	5	1	2	9	3	8	4	6
3	6	2	5	8	4	7	9	1
8	4	9	7	1	6	5	2	3

No. 168

6	5	2	8	9	1	7	4	3
1	9	7	6	4	3	8	5	2
8	4	3	2	7	5	1	9	6
7	2	8	5	6	9	4	3	1
3	6	9	4	1	8	5	2	7
5	1	4	7	3	2	6	8	9
4	7	5	9	2	6	3	1	8
2	8	1	3	5	7	9	6	4
9	3	6	1	8	4	2	7	5

No. 169

6	7	5	2	3	8	1	9	4
9	4	1	6	7	5	3	8	2
3	8	2	9	1	4	7	5	6
5	1	8	7	9	2	6	4	3
2	3	4	5	6	1	9	7	8
7	9	6	8	4	3	5	2	1
8	6	7	1	2	9	4	3	5
4	2	9	3	5	6	8	1	7
1	5	3	4	8	7	2	6	9

No. 170

3	2	8	1	9	7	4	5	6
4	7	9	8	5	6	1	3	2
1	5	6	2	4	3	9	8	7
2	4	5	7	8	1	6	9	3
8	9	1	6	3	4	7	2	5
7	6	3	9	2	5	8	4	1
5	8	7	3	1	9	2	6	4
6	3	2	4	7	8	5	1	9
9	1	4	5	6	2	3	7	8

No. 171

5	2	8	1	9	4	7	6	3
9	7	6	5	8	3	4	1	2
4	1	3	2	7	6	9	8	5
2	3	5	9	6	8	1	7	4
1	6	4	7	2	5	8	3	9
7	8	9	4	3	1	2	5	6
8	4	1	3	5	2	6	9	7
6	5	7	8	4	9	3	2	1
3	9	2	6	1	7	5	4	8

No. 172

4	8	3	6	5	9	2	1	7
6	1	9	4	2	7	5	8	3
7	5	2	1	3	8	4	9	6
8	3	4	2	7	5	9	6	1
2	7	5	9	6	1	3	4	8
1	9	6	3	8	4	7	2	5
9	6	7	8	4	3	1	5	2
5	4	8	7	1	2	6	3	9
3	2	1	5	9	6	8	7	4

No. 173

3	1	8	9	4	5	7	6	2
9	7	2	6	1	8	3	5	4
4	5	6	7	2	3	8	9	1
5	2	3	1	6	9	4	7	8
1	8	7	4	5	2	9	3	6
6	4	9	3	8	7	1	2	5
2	9	4	5	7	1	6	8	3
7	6	5	8	3	4	2	1	9
8	3	1	2	9	6	5	4	7

No. 174

5	6	2	8	4	3	1	7	9
4	7	3	9	2	1	8	5	6
8	1	9	7	6	5	4	2	3
2	8	1	6	9	7	5	3	4
3	4	7	2	5	8	9	6	1
6	9	5	1	3	4	2	8	7
1	3	6	4	8	2	7	9	5
7	5	8	3	1	9	6	4	2
9	2	4	5	7	6	3	1	8

No. 175

4	2	7	8	6	5	3	1	9
8	9	6	3	1	2	7	5	4
5	3	1	4	7	9	8	6	2
9	8	4	1	3	7	5	2	6
6	1	5	2	4	8	9	3	7
2	7	3	9	5	6	4	8	1
3	6	9	7	8	1	2	4	5
1	4	2	5	9	3	6	7	8
7	5	8	6	2	4	1	9	3

No. 176

7	1	4	8	3	2	5	6	9
8	6	9	7	1	5	2	3	4
3	5	2	9	4	6	8	7	1
2	8	5	3	7	4	9	1	6
9	7	6	2	5	1	4	8	3
4	3	1	6	8	9	7	2	5
5	4	8	1	6	7	3	9	2
6	9	3	5	2	8	1	4	7
1	2	7	4	9	3	6	5	8

No. 177

3	5	7	4	8	9	6	1	2
2	1	6	3	7	5	4	9	8
8	4	9	1	2	6	7	3	5
7	8	3	5	4	2	9	6	1
6	9	5	7	1	3	8	2	4
1	2	4	9	6	8	5	7	3
4	3	1	8	9	7	2	5	6
5	7	2	6	3	4	1	8	9
9	6	8	2	5	1	3	4	7

No. 178

1	2	6	8	7	5	3	4	9
7	5	8	4	9	3	1	2	6
9	3	4	2	6	1	7	5	8
3	4	9	6	1	2	5	8	7
5	8	7	9	3	4	2	6	1
2	6	1	7	5	8	4	9	3
6	1	2	5	8	7	9	3	4
8	7	5	3	4	9	6	1	2
4	9	3	1	2	6	8	7	5

No. 179

2	6	9	7	1	3	5	8	4
1	5	7	8	9	4	3	6	2
3	8	4	6	2	5	7	1	9
7	3	1	2	4	6	8	9	5
5	9	8	1	3	7	2	4	6
6	4	2	5	8	9	1	3	7
8	1	5	4	6	2	9	7	3
4	2	3	9	7	1	6	5	8
9	7	6	3	5	8	4	2	1

No. 180

4	1	3	7	2	8	5	9	6
2	6	5	9	1	3	8	7	4
8	7	9	4	5	6	1	3	2
6	4	8	5	3	1	7	2	9
9	5	7	2	6	4	3	1	8
3	2	1	8	9	7	4	6	5
5	8	6	3	7	9	2	4	1
1	3	4	6	8	2	9	5	7
7	9	2	1	4	5	6	8	3

No. 181

7	1	3	2	6	8	5	4	9
8	5	6	9	7	4	3	1	2
2	9	4	3	5	1	7	8	6
9	3	7	6	4	2	1	5	8
6	2	8	1	3	5	9	7	4
1	4	5	7	8	9	2	6	3
4	8	1	5	9	3	6	2	7
3	7	2	4	1	6	8	9	5
5	6	9	8	2	7	4	3	1

No. 182

8	6	3	1	5	2	7	9	4
7	9	5	3	6	4	8	1	2
4	1	2	7	9	8	5	6	3
1	7	6	2	3	5	4	8	9
3	4	9	8	7	6	1	2	5
5	2	8	9	4	1	6	3	7
9	3	4	6	8	7	2	5	1
2	8	7	5	1	3	9	4	6
6	5	1	4	2	9	3	7	8

No. 183

8	4	2	9	6	3	7	1	5
1	6	9	7	4	5	2	8	3
7	5	3	8	2	1	9	4	6
5	7	4	2	3	9	1	6	8
3	9	6	4	1	8	5	7	2
2	8	1	6	5	7	3	9	4
6	3	7	1	8	2	4	5	9
9	2	8	5	7	4	6	3	1
4	1	5	3	9	6	8	2	7

No. 184

5	2	4	6	3	9	1	8	7
3	8	1	5	4	7	2	9	6
7	9	6	8	1	2	3	4	5
4	5	2	3	8	1	6	7	9
8	1	3	7	9	6	4	5	2
6	7	9	2	5	4	8	3	1
2	3	5	1	7	8	9	6	4
9	6	8	4	2	5	7	1	3
1	4	7	9	6	3	5	2	8

No. 185

2	6	1	5	8	9	7	3	4
3	5	7	4	1	6	8	9	2
9	4	8	3	2	7	1	5	6
4	2	3	7	5	1	9	6	8
1	9	5	8	6	4	3	2	7
8	7	6	2	9	3	4	1	5
7	8	2	1	3	5	6	4	9
5	1	9	6	4	8	2	7	3
6	3	4	9	7	2	5	8	1

No. 186

8	6	7	9	2	4	3	5	1
9	3	4	1	5	8	6	7	2
5	1	2	7	6	3	9	4	8
3	2	9	8	4	5	1	6	7
6	7	8	3	1	2	4	9	5
4	5	1	6	7	9	2	8	3
2	4	6	5	8	1	7	3	9
7	9	5	2	3	6	8	1	4
1	8	3	4	9	7	5	2	6

No. 187

7	6	2	3	4	9	8	1	5
9	4	3	8	5	1	6	2	7
5	1	8	6	7	2	9	4	3
8	2	1	9	6	5	7	3	4
6	7	5	4	8	3	2	9	1
3	9	4	2	1	7	5	6	8
4	3	6	5	9	8	1	7	2
1	5	9	7	2	4	3	8	6
2	8	7	1	3	6	4	5	9

No. 188

6	4	3	2	1	7	9	5	8
2	1	5	4	8	9	6	7	3
9	8	7	6	3	5	4	1	2
7	2	8	3	9	4	1	6	5
4	6	1	8	5	2	3	9	7
5	3	9	1	7	6	8	2	4
8	9	4	7	2	1	5	3	6
3	5	2	9	6	8	7	4	1
1	7	6	5	4	3	2	8	9

No. 189

8	2	4	3	6	5	9	1	7
5	9	1	7	8	2	6	3	4
6	3	7	1	9	4	8	5	2
4	5	8	2	7	6	3	9	1
2	1	6	9	5	3	7	4	8
3	7	9	4	1	8	2	6	5
9	8	5	6	2	1	4	7	3
1	6	3	8	4	7	5	2	9
7	4	2	5	3	9	1	8	6

No. 190

3	8	1	6	9	5	2	4	7
2	7	9	1	4	8	6	3	5
6	4	5	2	3	7	1	9	8
4	6	3	9	8	1	7	5	2
5	2	8	4	7	6	3	1	9
9	1	7	3	5	2	8	6	4
7	5	6	8	1	4	9	2	3
1	3	4	7	2	9	5	8	6
8	9	2	5	6	3	4	7	1

No. 191

6	8	4	1	9	7	3	5	2
3	7	5	8	2	4	6	1	9
1	9	2	3	6	5	4	8	7
7	3	6	5	1	2	8	9	4
9	4	8	7	3	6	5	2	1
5	2	1	4	8	9	7	6	3
8	6	9	2	7	3	1	4	5
2	5	7	6	4	1	9	3	8
4	1	3	9	5	8	2	7	6

No. 192

6	9	7	1	2	5	4	8	3
8	5	2	4	7	3	1	6	9
4	3	1	6	8	9	2	5	7
7	4	3	5	9	1	6	2	8
2	8	9	7	4	6	3	1	5
1	6	5	8	3	2	7	9	4
5	7	4	2	1	8	9	3	6
3	2	8	9	6	4	5	7	1
9	1	6	3	5	7	8	4	2

No. 193

5	8	4	1	2	3	6	7	9
7	3	9	5	8	6	1	4	2
1	2	6	9	4	7	8	5	3
4	7	2	6	3	8	5	9	1
9	1	8	7	5	4	3	2	6
3	6	5	2	1	9	7	8	4
2	4	3	8	6	5	9	1	7
6	5	7	4	9	1	2	3	8
8	9	1	3	7	2	4	6	5

No. 194

9	3	8	6	4	1	5	7	2
6	2	4	3	5	7	1	8	9
1	7	5	2	8	9	3	6	4
8	4	7	1	9	6	2	5	3
3	1	2	5	7	4	8	9	6
5	6	9	8	2	3	7	4	1
4	8	3	9	1	5	6	2	7
7	5	6	4	3	2	9	1	8
2	9	1	7	6	8	4	3	5

No. 195

2	8	6	1	9	4	3	7	5
7	1	3	8	6	5	9	2	4
9	5	4	3	2	7	1	8	6
3	7	9	2	4	6	5	1	8
6	2	5	9	1	8	4	3	7
1	4	8	7	5	3	6	9	2
8	6	7	4	3	9	2	5	1
5	3	1	6	7	2	8	4	9
4	9	2	5	8	1	7	6	3

No. 196

9	7	2	8	4	5	1	6	3
6	8	1	7	2	3	4	9	5
5	4	3	6	9	1	7	2	8
3	5	8	4	7	9	2	1	6
1	6	7	5	3	2	8	4	9
2	9	4	1	8	6	5	3	7
8	3	9	2	1	7	6	5	4
4	1	6	3	5	8	9	7	2
7	2	5	9	6	4	3	8	1

No. 197

8	6	7	1	4	5	3	9	2
3	9	2	6	7	8	4	1	5
1	5	4	2	9	3	7	6	8
9	2	3	4	6	1	8	5	7
7	4	5	3	8	9	6	2	1
6	1	8	7	5	2	9	3	4
4	8	1	5	3	6	2	7	9
2	7	6	9	1	4	5	8	3
5	3	9	8	2	7	1	4	6

No. 198

8	7	2	9	6	3	1	5	4
6	9	5	4	1	2	7	3	8
4	3	1	7	5	8	6	9	2
3	8	7	5	4	1	2	6	9
9	2	6	3	8	7	5	4	1
5	1	4	2	9	6	8	7	3
2	4	9	8	7	5	3	1	6
7	6	8	1	3	4	9	2	5
1	5	3	6	2	9	4	8	7

No. 199

6	8	7	9	3	4	5	1	2
2	1	3	5	6	7	8	4	9
5	4	9	8	2	1	7	6	3
7	5	6	1	9	2	4	3	8
8	3	4	7	5	6	2	9	1
1	9	2	3	4	8	6	5	7
4	6	8	2	1	9	3	7	5
3	7	1	4	8	5	9	2	6
9	2	5	6	7	3	1	8	4

No. 200

9	1	7	5	3	8	4	6	2
6	2	5	9	7	4	3	8	1
3	4	8	2	6	1	5	7	9
8	5	9	7	4	6	1	2	3
4	3	6	1	5	2	8	9	7
1	7	2	8	9	3	6	4	5
2	9	4	3	8	5	7	1	6
5	6	1	4	2	7	9	3	8
7	8	3	6	1	9	2	5	4

No. 201

6	3	5	7	1	4	2	9	8
7	1	9	2	6	8	3	4	5
4	8	2	5	3	9	6	1	7
2	9	3	1	4	7	8	5	6
1	7	4	6	8	5	9	3	2
5	6	8	3	9	2	1	7	4
3	2	1	4	5	6	7	8	9
8	4	6	9	7	3	5	2	1
9	5	7	8	2	1	4	6	3

No. 202

1	9	5	3	7	8	2	4	6
8	6	4	1	2	9	7	5	3
7	2	3	4	5	6	8	9	1
4	5	8	6	3	2	9	1	7
9	1	7	8	4	5	3	6	2
2	3	6	9	1	7	4	8	5
5	7	1	2	8	4	6	3	9
6	8	2	5	9	3	1	7	4
3	4	9	7	6	1	5	2	8

No. 203

5	6	3	7	9	4	2	1	8
1	7	4	6	2	8	3	9	5
2	8	9	5	1	3	7	6	4
9	2	1	8	3	6	4	5	7
8	4	5	2	7	1	6	3	9
7	3	6	4	5	9	1	8	2
4	1	2	9	6	5	8	7	3
6	9	8	3	4	7	5	2	1
3	5	7	1	8	2	9	4	6

No. 204

7	1	4	9	8	3	2	5	6
8	6	2	4	5	7	3	1	9
3	9	5	6	1	2	7	8	4
1	7	8	2	6	5	9	4	3
4	3	6	7	9	1	8	2	5
5	2	9	3	4	8	6	7	1
2	8	1	5	3	9	4	6	7
6	5	3	8	7	4	1	9	2
9	4	7	1	2	6	5	3	8

No. 205

2	5	9	6	1	8	4	7	3
7	1	6	4	9	3	8	5	2
3	4	8	2	5	7	6	9	1
8	3	4	7	6	1	5	2	9
5	9	2	8	3	4	7	1	6
6	7	1	9	2	5	3	4	8
9	6	7	5	8	2	1	3	4
1	8	5	3	4	9	2	6	7
4	2	3	1	7	6	9	8	5

No. 206

7	3	6	5	4	9	1	2	8
9	8	5	2	1	6	7	3	4
2	4	1	8	3	7	5	6	9
5	6	2	9	7	8	3	4	1
4	1	9	3	5	2	6	8	7
8	7	3	1	6	4	9	5	2
6	2	7	4	9	5	8	1	3
3	5	4	7	8	1	2	9	6
1	9	8	6	2	3	4	7	5

No. 207

9	8	1	3	7	4	6	2	5
4	3	7	5	6	2	1	9	8
2	5	6	8	1	9	7	4	3
6	4	5	2	8	1	3	7	9
1	2	8	9	3	7	5	6	4
7	9	3	4	5	6	8	1	2
3	1	9	7	4	5	2	8	6
5	7	4	6	2	8	9	3	1
8	6	2	1	9	3	4	5	7

No. 208

8	6	3	9	7	5	4	1	2
5	4	2	3	8	1	9	7	6
1	9	7	6	2	4	3	5	8
3	2	6	8	1	9	5	4	7
4	7	1	2	5	3	6	8	9
9	8	5	7	4	6	1	2	3
6	1	8	4	9	2	7	3	5
2	3	4	5	6	7	8	9	1
7	5	9	1	3	8	2	6	4

No. 209

4	5	7	2	9	3	8	1	6
1	6	8	7	5	4	2	9	3
2	9	3	8	6	1	5	7	4
6	4	2	1	3	5	9	8	7
8	3	5	9	4	7	6	2	1
9	7	1	6	2	8	3	4	5
3	1	4	5	8	2	7	6	9
5	8	9	4	7	6	1	3	2
7	2	6	3	1	9	4	5	8

No. 210

8	1	9	2	5	3	6	7	4
2	7	4	6	9	1	5	8	3
5	3	6	4	7	8	2	1	9
3	6	7	8	4	2	1	9	5
9	5	8	1	3	7	4	2	6
1	4	2	5	6	9	7	3	8
7	2	5	9	8	4	3	6	1
6	9	3	7	1	5	8	4	2
4	8	1	3	2	6	9	5	7

No. 211

3	8	5	9	6	4	7	2	1
1	6	2	3	5	7	9	4	8
4	9	7	8	2	1	6	3	5
5	4	9	1	8	6	2	7	3
6	2	1	7	3	5	8	9	4
8	7	3	2	4	9	1	5	6
2	5	6	4	7	8	3	1	9
7	1	8	5	9	3	4	6	2
9	3	4	6	1	2	5	8	7

No. 212

8	5	4	3	2	1	6	9	7
2	7	6	9	8	5	4	3	1
9	3	1	4	7	6	2	5	8
5	2	8	7	6	9	1	4	3
7	6	9	1	3	4	5	8	2
1	4	3	8	5	2	7	6	9
4	8	2	6	9	7	3	1	5
3	1	7	5	4	8	9	2	6
6	9	5	2	1	3	8	7	4

No. 213

5	6	1	9	2	3	8	4	7
2	3	9	8	4	7	6	1	5
8	4	7	1	5	6	9	3	2
9	1	2	6	3	5	4	7	8
3	7	6	4	9	8	2	5	1
4	8	5	7	1	2	3	6	9
6	5	3	2	7	9	1	8	4
7	2	4	3	8	1	5	9	6
1	9	8	5	6	4	7	2	3

No. 214

7	1	9	3	8	4	6	5	2
5	3	2	7	9	6	1	4	8
4	8	6	1	2	5	7	9	3
6	4	5	8	3	7	2	1	9
3	2	7	9	6	1	4	8	5
8	9	1	4	5	2	3	7	6
2	7	8	5	1	3	9	6	4
1	5	3	6	4	9	8	2	7
9	6	4	2	7	8	5	3	1

No. 215

5	6	3	1	7	4	2	9	8
2	9	8	6	5	3	4	1	7
7	1	4	8	9	2	6	3	5
4	3	7	5	1	6	9	8	2
1	8	6	2	4	9	7	5	3
9	2	5	7	3	8	1	6	4
8	7	9	3	2	1	5	4	6
6	5	1	4	8	7	3	2	9
3	4	2	9	6	5	8	7	1

No. 216

3	2	1	4	6	8	7	9	5
6	8	9	5	2	7	1	4	3
4	5	7	9	3	1	6	8	2
1	3	5	2	7	9	4	6	8
9	7	2	8	4	6	5	3	1
8	6	4	1	5	3	2	7	9
7	9	6	3	1	5	8	2	4
5	4	3	6	8	2	9	1	7
2	1	8	7	9	4	3	5	6

No. 217

8	9	5	6	7	3	2	1	4
2	6	4	5	1	8	7	3	9
7	3	1	2	4	9	6	5	8
3	2	9	8	6	5	1	4	7
6	1	7	3	9	4	5	8	2
4	5	8	7	2	1	3	9	6
1	4	2	9	3	6	8	7	5
5	7	3	4	8	2	9	6	1
9	8	6	1	5	7	4	2	3

No. 218

4	6	1	8	7	5	2	3	9
2	9	5	1	4	3	6	8	7
8	7	3	2	9	6	1	5	4
1	2	7	3	6	9	5	4	8
3	8	4	5	1	2	9	7	6
6	5	9	7	8	4	3	2	1
7	3	8	9	5	1	4	6	2
5	1	6	4	2	7	8	9	3
9	4	2	6	3	8	7	1	5

No. 219

3	5	4	1	2	8	9	7	6
7	8	6	9	3	4	1	2	5
1	9	2	5	6	7	3	4	8
5	3	8	4	9	1	2	6	7
2	4	9	7	8	6	5	3	1
6	1	7	3	5	2	8	9	4
8	6	1	2	4	9	7	5	3
9	7	3	6	1	5	4	8	2
4	2	5	8	7	3	6	1	9

No. 220

5	9	8	7	4	3	2	1	6
4	1	7	6	2	9	8	3	5
2	3	6	5	1	8	7	4	9
3	5	4	8	9	6	1	2	7
6	8	2	1	3	7	5	9	4
9	7	1	4	5	2	6	8	3
7	6	3	9	8	1	4	5	2
8	4	9	2	6	5	3	7	1
1	2	5	3	7	4	9	6	8

No. 221

6	1	2	3	9	5	4	7	8
8	5	4	7	1	2	9	3	6
9	7	3	8	4	6	1	5	2
1	8	9	5	3	7	2	6	4
2	3	6	9	8	4	5	1	7
7	4	5	6	2	1	3	8	9
5	2	1	4	7	8	6	9	3
3	6	8	2	5	9	7	4	1
4	9	7	1	6	3	8	2	5

No. 222

6	2	5	4	9	3	1	8	7
7	4	9	1	5	8	2	6	3
8	3	1	2	7	6	9	5	4
9	1	8	5	3	4	6	7	2
3	5	7	6	8	2	4	1	9
2	6	4	7	1	9	8	3	5
1	9	3	8	4	5	7	2	6
5	8	2	9	6	7	3	4	1
4	7	6	3	2	1	5	9	8

No. 223

8	6	5	4	2	3	9	7	1
4	2	7	9	1	6	8	5	3
3	9	1	5	8	7	2	6	4
7	4	9	8	3	1	5	2	6
5	8	6	2	7	4	1	3	9
1	3	2	6	9	5	4	8	7
6	5	8	7	4	9	3	1	2
9	7	3	1	5	2	6	4	8
2	1	4	3	6	8	7	9	5

No. 224

7	9	5	3	8	4	2	6	1
6	1	3	9	5	2	7	4	8
8	4	2	1	6	7	5	3	9
3	5	1	4	2	9	6	8	7
4	2	8	7	1	6	9	5	3
9	6	7	5	3	8	1	2	4
2	3	6	8	7	1	4	9	5
1	8	9	6	4	5	3	7	2
5	7	4	2	9	3	8	1	6

No. 225

1	9	3	8	7	5	2	4	6
8	5	6	2	9	4	3	7	1
4	2	7	6	3	1	5	9	8
5	1	4	3	8	7	6	2	9
3	8	2	9	4	6	7	1	5
7	6	9	1	5	2	4	8	3
6	4	5	7	1	8	9	3	2
2	3	8	4	6	9	1	5	7
9	7	1	5	2	3	8	6	4

No. 226

1	7	5	9	2	6	4	8	3
6	4	9	8	3	7	5	1	2
3	8	2	5	1	4	6	9	7
4	1	3	6	7	5	8	2	9
9	5	7	1	8	2	3	6	4
2	6	8	3	4	9	7	5	1
8	2	1	4	6	3	9	7	5
7	9	4	2	5	8	1	3	6
5	3	6	7	9	1	2	4	8

No. 227

2	6	1	7	8	5	9	4	3
7	3	8	1	4	9	2	6	5
4	5	9	3	6	2	1	7	8
3	8	4	2	5	6	7	1	9
9	7	2	8	1	3	4	5	6
5	1	6	9	7	4	8	3	2
8	4	3	5	9	1	6	2	7
1	9	5	6	2	7	3	8	4
6	2	7	4	3	8	5	9	1

No. 228

8	2	6	4	5	7	3	9	1
3	1	4	2	8	9	5	7	6
7	9	5	6	3	1	2	4	8
9	3	7	1	2	8	4	6	5
4	5	1	7	9	6	8	2	3
6	8	2	3	4	5	9	1	7
2	7	8	5	6	4	1	3	9
5	6	3	9	1	2	7	8	4
1	4	9	8	7	3	6	5	2

No. 229

9	6	4	2	5	3	1	8	7
7	8	3	4	9	1	6	5	2
2	1	5	6	8	7	3	9	4
8	5	6	7	2	9	4	3	1
4	2	9	1	3	8	7	6	5
1	3	7	5	6	4	8	2	9
3	4	2	8	7	5	9	1	6
6	7	8	9	1	2	5	4	3
5	9	1	3	4	6	2	7	8

No. 230

5	4	6	9	2	1	3	7	8
8	1	9	7	3	5	4	2	6
2	3	7	6	4	8	5	1	9
4	5	8	2	7	9	1	6	3
1	9	2	3	5	6	8	4	7
7	6	3	1	8	4	9	5	2
6	2	1	5	9	3	7	8	4
9	7	4	8	1	2	6	3	5
3	8	5	4	6	7	2	9	1

No. 231

6	7	5	1	2	4	9	3	8
1	4	2	9	8	3	7	6	5
3	9	8	6	5	7	1	4	2
8	6	7	2	3	1	4	5	9
5	2	3	7	4	9	8	1	6
9	1	4	5	6	8	2	7	3
4	5	9	3	1	2	6	8	7
7	3	1	8	9	6	5	2	4
2	8	6	4	7	5	3	9	1

No. 232

6	4	2	1	5	7	3	9	8
1	9	7	4	8	3	2	5	6
3	8	5	9	6	2	7	1	4
9	6	4	5	2	1	8	3	7
5	3	8	7	9	4	1	6	2
7	2	1	8	3	6	5	4	9
8	5	3	6	7	9	4	2	1
4	7	6	2	1	5	9	8	3
2	1	9	3	4	8	6	7	5

No. 233

1	2	8	4	3	7	6	5	9
7	6	9	8	2	5	1	4	3
4	3	5	9	6	1	2	8	7
2	4	3	5	1	9	8	7	6
5	8	7	2	4	6	9	3	1
9	1	6	3	7	8	5	2	4
8	7	1	6	5	3	4	9	2
3	5	4	1	9	2	7	6	8
6	9	2	7	8	4	3	1	5

No. 234

9	7	5	4	3	1	8	6	2
2	8	6	5	7	9	3	4	1
4	3	1	2	8	6	7	9	5
6	2	9	7	1	3	5	8	4
8	5	3	9	2	4	1	7	6
1	4	7	6	5	8	9	2	3
7	1	8	3	4	2	6	5	9
5	6	4	1	9	7	2	3	8
3	9	2	8	6	5	4	1	7

No. 235

4	5	8	6	9	3	1	2	7
1	6	2	5	8	7	9	3	4
7	3	9	4	2	1	5	6	8
3	2	1	8	5	6	4	7	9
8	7	4	9	3	2	6	5	1
6	9	5	7	1	4	2	8	3
5	4	3	1	6	8	7	9	2
9	8	7	2	4	5	3	1	6
2	1	6	3	7	9	8	4	5

No. 236

7	9	6	2	8	3	4	1	5
3	5	4	6	9	1	7	8	2
8	1	2	7	4	5	6	3	9
6	3	5	9	1	8	2	4	7
9	7	8	4	2	6	3	5	1
2	4	1	3	5	7	9	6	8
4	8	3	5	7	9	1	2	6
1	2	9	8	6	4	5	7	3
5	6	7	1	3	2	8	9	4

No. 237

6	7	2	4	1	3	9	5	8
9	3	8	2	5	6	7	4	1
5	4	1	7	9	8	2	6	3
2	6	9	5	8	1	3	7	4
1	5	3	9	7	4	8	2	6
7	8	4	6	3	2	1	9	5
8	9	5	3	4	7	6	1	2
4	1	6	8	2	9	5	3	7
3	2	7	1	6	5	4	8	9

No. 238

9	8	7	1	5	6	3	2	4
6	1	4	3	9	2	8	5	7
3	2	5	8	7	4	1	9	6
5	9	8	4	1	3	6	7	2
7	4	3	2	6	9	5	1	8
2	6	1	5	8	7	4	3	9
1	3	6	7	2	8	9	4	5
8	5	2	9	4	1	7	6	3
4	7	9	6	3	5	2	8	1

No. 239

5	8	6	1	2	4	3	7	9
7	1	9	6	3	5	4	8	2
4	3	2	8	9	7	6	5	1
8	9	1	5	4	3	7	2	6
3	6	5	7	1	2	9	4	8
2	4	7	9	8	6	1	3	5
6	7	3	2	5	1	8	9	4
1	2	8	4	7	9	5	6	3
9	5	4	3	6	8	2	1	7

No. 240

5	7	4	6	1	2	3	8	9
3	8	6	4	7	9	1	2	5
9	1	2	8	5	3	6	4	7
2	6	5	7	4	8	9	1	3
7	4	3	9	2	1	8	5	6
8	9	1	3	6	5	4	7	2
6	5	7	1	3	4	2	9	8
4	2	9	5	8	6	7	3	1
1	3	8	2	9	7	5	6	4

No. 241

9	4	8	2	5	6	1	3	7
7	2	5	1	3	8	4	9	6
3	6	1	9	4	7	8	5	2
1	9	6	5	8	4	7	2	3
5	7	2	3	6	1	9	4	8
8	3	4	7	9	2	6	1	5
6	8	9	4	2	3	5	7	1
4	1	3	8	7	5	2	6	9
2	5	7	6	1	9	3	8	4

No. 242

8	5	1	4	7	9	3	6	2
4	9	7	2	3	6	8	5	1
6	2	3	8	5	1	7	9	4
9	6	4	1	2	7	5	8	3
7	3	2	5	4	8	9	1	6
5	1	8	6	9	3	4	2	7
3	4	6	9	8	2	1	7	5
2	8	5	7	1	4	6	3	9
1	7	9	3	6	5	2	4	8

No. 243

1	4	7	9	2	8	3	6	5
6	9	5	3	1	7	4	2	8
8	3	2	6	5	4	9	7	1
4	1	8	7	6	3	5	9	2
2	7	3	5	4	9	1	8	6
5	6	9	1	8	2	7	3	4
9	2	1	4	7	6	8	5	3
7	5	6	8	3	1	2	4	9
3	8	4	2	9	5	6	1	7

No. 244

9	4	8	3	5	7	6	2	1
7	5	1	8	2	6	4	9	3
6	3	2	4	9	1	5	7	8
3	1	7	5	8	9	2	6	4
5	8	4	6	1	2	9	3	7
2	9	6	7	3	4	8	1	5
4	2	3	1	6	5	7	8	9
8	6	5	9	7	3	1	4	2
1	7	9	2	4	8	3	5	6

No. 245

3	2	8	5	6	9	1	4	7
6	4	5	1	7	2	8	3	9
7	1	9	4	8	3	6	5	2
2	9	7	8	3	5	4	6	1
8	3	6	9	4	1	2	7	5
4	5	1	7	2	6	9	8	3
1	8	2	3	5	4	7	9	6
9	7	3	6	1	8	5	2	4
5	6	4	2	9	7	3	1	8

No. 246

1	8	4	7	2	6	3	5	9
3	2	9	5	8	4	1	7	6
7	5	6	3	1	9	4	8	2
5	4	3	1	6	8	9	2	7
8	9	1	2	7	3	5	6	4
2	6	7	4	9	5	8	3	1
4	7	2	8	5	1	6	9	3
9	3	5	6	4	2	7	1	8
6	1	8	9	3	7	2	4	5

No. 247

2	3	4	8	5	9	1	6	7
7	1	5	6	4	3	8	9	2
6	9	8	1	2	7	3	5	4
5	4	7	9	8	1	6	2	3
1	6	3	5	7	2	9	4	8
9	8	2	4	3	6	7	1	5
8	2	1	7	6	4	5	3	9
3	5	9	2	1	8	4	7	6
4	7	6	3	9	5	2	8	1

No. 248

2	5	8	9	3	1	4	7	6
7	3	1	6	4	2	8	9	5
9	4	6	7	8	5	1	2	3
8	1	2	5	6	7	3	4	9
5	7	3	4	2	9	6	8	1
6	9	4	8	1	3	2	5	7
4	6	5	1	7	8	9	3	2
3	8	9	2	5	6	7	1	4
1	2	7	3	9	4	5	6	8

No. 249

5	7	4	8	6	1	9	3	2
9	8	2	7	3	5	4	1	6
6	1	3	4	2	9	5	8	7
2	3	1	5	7	6	8	9	4
8	4	6	1	9	2	3	7	5
7	9	5	3	8	4	2	6	1
4	5	8	9	1	7	6	2	3
3	6	7	2	4	8	1	5	9
1	2	9	6	5	3	7	4	8

No. 250

6	2	9	7	5	1	3	8	4
1	8	5	4	3	9	2	7	6
3	4	7	6	2	8	5	9	1
5	7	2	1	6	3	8	4	9
4	3	6	9	8	5	7	1	2
9	1	8	2	7	4	6	5	3
2	9	3	8	4	7	1	6	5
7	5	1	3	9	6	4	2	8
8	6	4	5	1	2	9	3	7

No. 251

1	2	3	4	8	5	7	9	6
9	8	4	1	6	7	5	3	2
5	7	6	2	3	9	8	1	4
7	3	2	6	9	8	1	4	5
4	6	5	3	1	2	9	7	8
8	9	1	7	5	4	6	2	3
3	1	7	5	4	6	2	8	9
6	4	9	8	2	1	3	5	7
2	5	8	9	7	3	4	6	1

No. 252

4	1	5	3	7	9	6	8	2
6	3	9	8	2	5	4	7	1
2	8	7	1	4	6	5	3	9
5	7	6	2	1	4	8	9	3
8	9	2	6	5	3	1	4	7
3	4	1	9	8	7	2	6	5
1	5	4	7	9	8	3	2	6
9	6	8	5	3	2	7	1	4
7	2	3	4	6	1	9	5	8

No. 253

8	7	3	5	4	9	1	2	6
6	9	5	7	1	2	8	3	4
4	1	2	3	8	6	5	7	9
2	3	8	9	7	4	6	1	5
7	5	4	6	2	1	3	9	8
9	6	1	8	3	5	7	4	2
1	8	9	4	5	7	2	6	3
3	4	7	2	6	8	9	5	1
5	2	6	1	9	3	4	8	7

No. 254

6	7	5	1	2	9	8	4	3
4	8	2	3	5	7	9	1	6
1	3	9	4	6	8	5	2	7
5	9	1	7	3	2	4	6	8
3	2	6	8	1	4	7	9	5
8	4	7	5	9	6	1	3	2
9	5	3	2	7	1	6	8	4
7	6	4	9	8	3	2	5	1
2	1	8	6	4	5	3	7	9

No. 255

9	8	3	1	6	4	5	2	7
7	4	5	9	2	8	6	1	3
6	1	2	7	5	3	8	9	4
2	7	9	8	3	1	4	5	6
8	5	4	6	7	2	9	3	1
1	3	6	5	4	9	2	7	8
5	6	8	2	1	7	3	4	9
4	2	7	3	9	6	1	8	5
3	9	1	4	8	5	7	6	2

No. 256

9	5	1	4	8	6	7	3	2
6	4	2	3	9	7	5	8	1
3	7	8	2	1	5	4	9	6
5	9	6	1	7	4	3	2	8
7	8	3	5	6	2	9	1	4
1	2	4	9	3	8	6	7	5
2	3	5	7	4	1	8	6	9
4	6	7	8	2	9	1	5	3
8	1	9	6	5	3	2	4	7

No. 257

6	2	1	8	4	9	3	7	5
9	8	3	5	7	6	2	4	1
5	7	4	1	3	2	8	6	9
7	1	9	2	8	5	6	3	4
8	4	5	6	1	3	9	2	7
3	6	2	4	9	7	5	1	8
4	5	8	3	6	1	7	9	2
2	3	7	9	5	4	1	8	6
1	9	6	7	2	8	4	5	3

No. 258

4	7	1	2	8	5	6	3	9
5	8	9	7	6	3	2	4	1
6	3	2	9	4	1	5	7	8
3	9	4	1	5	2	7	8	6
8	5	7	3	9	6	4	1	2
1	2	6	8	7	4	3	9	5
7	6	8	5	3	9	1	2	4
9	1	5	4	2	7	8	6	3
2	4	3	6	1	8	9	5	7

No. 259

5	9	7	3	6	8	2	4	1
6	3	4	2	1	7	5	8	9
1	8	2	9	4	5	7	6	3
2	6	1	8	7	4	3	9	5
9	4	5	6	3	2	8	1	7
8	7	3	1	5	9	4	2	6
3	2	9	7	8	6	1	5	4
7	5	8	4	9	1	6	3	2
4	1	6	5	2	3	9	7	8

No. 260

9	5	1	6	2	3	7	8	4
3	8	4	7	5	9	6	2	1
7	6	2	4	1	8	5	3	9
4	2	8	5	6	1	9	7	3
1	7	5	9	3	2	4	6	8
6	9	3	8	7	4	1	5	2
5	4	9	2	8	6	3	1	7
8	3	7	1	4	5	2	9	6
2	1	6	3	9	7	8	4	5

No. 261

4	1	3	7	6	8	2	9	5
8	7	6	2	9	5	4	3	1
2	5	9	1	3	4	7	6	8
7	2	8	3	1	9	6	5	4
6	3	5	4	8	2	9	1	7
1	9	4	6	5	7	8	2	3
3	8	2	5	7	6	1	4	9
5	4	7	9	2	1	3	8	6
9	6	1	8	4	3	5	7	2

No. 262

9	5	1	6	7	2	3	4	8
8	3	6	4	1	5	9	7	2
2	7	4	3	9	8	6	1	5
3	8	2	1	5	7	4	6	9
1	9	5	8	6	4	7	2	3
4	6	7	9	2	3	5	8	1
6	2	3	5	4	1	8	9	7
7	4	8	2	3	9	1	5	6
5	1	9	7	8	6	2	3	4

No. 263

8	9	6	3	2	7	4	5	1
3	4	2	9	5	1	8	7	6
7	5	1	4	8	6	2	9	3
2	8	4	1	9	3	7	6	5
5	1	7	8	6	4	3	2	9
9	6	3	2	7	5	1	4	8
1	3	5	6	4	2	9	8	7
4	7	9	5	3	8	6	1	2
6	2	8	7	1	9	5	3	4

No. 264

2	5	4	3	7	9	6	1	8
1	8	7	5	2	6	3	4	9
9	3	6	8	1	4	5	2	7
5	1	8	9	6	2	7	3	4
3	7	9	1	4	5	8	6	2
4	6	2	7	8	3	1	9	5
8	2	3	6	9	7	4	5	1
7	9	5	4	3	1	2	8	6
6	4	1	2	5	8	9	7	3

No. 265

2	8	3	4	1	5	6	7	9
1	6	5	8	9	7	4	2	3
7	9	4	3	6	2	5	8	1
3	2	7	6	4	8	1	9	5
4	1	8	5	7	9	3	6	2
9	5	6	2	3	1	7	4	8
6	3	1	9	8	4	2	5	7
8	4	2	7	5	3	9	1	6
5	7	9	1	2	6	8	3	4

No. 266

4	3	6	9	2	7	8	1	5
5	9	1	3	4	8	6	7	2
2	8	7	6	5	1	9	3	4
6	5	3	1	7	9	2	4	8
1	2	4	5	8	6	7	9	3
8	7	9	2	3	4	5	6	1
9	4	8	7	1	5	3	2	6
7	1	2	8	6	3	4	5	9
3	6	5	4	9	2	1	8	7

No. 267

1	6	8	7	5	9	3	4	2
4	3	2	8	6	1	5	7	9
7	5	9	2	3	4	6	8	1
2	4	5	6	9	8	7	1	3
6	9	3	4	1	7	2	5	8
8	1	7	3	2	5	9	6	4
3	7	1	9	8	6	4	2	5
5	2	6	1	4	3	8	9	7
9	8	4	5	7	2	1	3	6

No. 268

4	2	3	1	5	6	7	8	9
7	6	1	9	3	8	4	5	2
5	9	8	2	4	7	1	3	6
1	3	2	6	9	4	5	7	8
8	5	9	7	1	2	6	4	3
6	7	4	5	8	3	2	9	1
2	8	7	4	6	9	3	1	5
9	1	6	3	7	5	8	2	4
3	4	5	8	2	1	9	6	7

No. 269

6	7	4	5	3	8	9	1	2
3	1	9	7	2	6	4	8	5
8	5	2	1	9	4	6	3	7
4	8	1	9	7	3	2	5	6
9	3	5	8	6	2	7	4	1
2	6	7	4	5	1	8	9	3
5	4	8	2	1	7	3	6	9
7	9	3	6	8	5	1	2	4
1	2	6	3	4	9	5	7	8

No. 270

1	4	5	9	6	8	3	2	7
3	7	6	2	1	5	8	9	4
9	2	8	4	7	3	5	6	1
8	5	9	7	3	1	6	4	2
6	3	7	8	2	4	9	1	5
2	1	4	6	5	9	7	3	8
4	8	1	5	9	6	2	7	3
7	6	3	1	8	2	4	5	9
5	9	2	3	4	7	1	8	6

No. 271

9	1	4	3	7	2	8	5	6
2	5	6	1	9	8	7	4	3
7	3	8	5	4	6	2	1	9
8	4	2	9	3	7	1	6	5
1	6	9	2	8	5	3	7	4
5	7	3	6	1	4	9	2	8
4	9	5	7	2	3	6	8	1
6	2	1	8	5	9	4	3	7
3	8	7	4	6	1	5	9	2

No. 272

2	6	7	9	5	3	4	1	8
4	8	3	1	6	2	5	7	9
9	1	5	7	4	8	6	3	2
5	3	6	4	2	9	1	8	7
8	4	2	5	1	7	3	9	6
7	9	1	8	3	6	2	5	4
3	5	9	2	7	4	8	6	1
6	7	4	3	8	1	9	2	5
1	2	8	6	9	5	7	4	3

No. 273

9	4	3	5	2	8	1	6	7
1	2	6	4	3	7	9	8	5
7	5	8	1	9	6	2	3	4
2	3	1	9	5	4	8	7	6
8	7	5	2	6	1	3	4	9
6	9	4	8	7	3	5	1	2
3	6	9	7	8	2	4	5	1
4	8	2	6	1	5	7	9	3
5	1	7	3	4	9	6	2	8

No. 274

6	4	2	5	9	7	1	3	8
5	7	8	4	3	1	2	6	9
9	3	1	8	6	2	5	4	7
7	6	4	9	1	3	8	2	5
1	8	5	6	2	4	7	9	3
3	2	9	7	5	8	4	1	6
4	9	7	2	8	6	3	5	1
8	1	6	3	4	5	9	7	2
2	5	3	1	7	9	6	8	4

No. 275

2	7	4	8	1	6	3	9	5
9	1	6	2	5	3	8	7	4
5	3	8	7	4	9	6	1	2
8	9	2	5	7	1	4	3	6
4	6	7	3	2	8	9	5	1
1	5	3	9	6	4	2	8	7
6	4	9	1	8	7	5	2	3
7	8	5	4	3	2	1	6	9
3	2	1	6	9	5	7	4	8

No. 276

5	1	6	8	3	9	4	7	2
7	9	8	6	2	4	5	1	3
4	3	2	1	5	7	8	6	9
3	2	5	9	7	8	1	4	6
9	8	4	2	6	1	7	3	5
1	6	7	3	4	5	2	9	8
2	4	1	5	9	3	6	8	7
8	5	9	7	1	6	3	2	4
6	7	3	4	8	2	9	5	1

No. 277

9	7	8	6	4	3	1	5	2
4	1	3	7	2	5	6	9	8
6	2	5	9	8	1	7	4	3
8	5	2	3	6	9	4	7	1
7	9	4	5	1	2	3	8	6
1	3	6	4	7	8	9	2	5
2	6	9	1	5	4	8	3	7
5	4	7	8	3	6	2	1	9
3	8	1	2	9	7	5	6	4

No. 278

8	1	9	5	4	2	7	6	3
4	7	3	8	6	9	1	5	2
6	5	2	1	7	3	4	9	8
7	8	5	9	2	1	3	4	6
2	3	4	6	5	8	9	7	1
9	6	1	7	3	4	2	8	5
1	4	6	3	8	7	5	2	9
5	9	7	2	1	6	8	3	4
3	2	8	4	9	5	6	1	7

No. 279

6	1	3	7	5	9	2	8	4
8	5	4	3	1	2	9	7	6
7	2	9	4	6	8	3	1	5
2	6	5	8	7	3	1	4	9
9	8	1	2	4	6	7	5	3
3	4	7	5	9	1	6	2	8
1	9	8	6	2	4	5	3	7
4	7	2	9	3	5	8	6	1
5	3	6	1	8	7	4	9	2

No. 280

2	1	8	3	5	7	4	6	9
9	3	5	4	6	1	2	7	8
7	4	6	2	8	9	1	5	3
6	8	2	1	7	3	9	4	5
1	9	4	6	2	5	8	3	7
3	5	7	8	9	4	6	1	2
5	6	3	9	4	2	7	8	1
8	2	1	7	3	6	5	9	4
4	7	9	5	1	8	3	2	6

No. 281

2	5	7	1	8	3	4	9	6
4	1	6	2	5	9	8	7	3
3	9	8	4	6	7	2	5	1
5	4	1	3	9	2	7	6	8
9	8	3	7	4	6	1	2	5
6	7	2	5	1	8	3	4	9
1	6	9	8	7	4	5	3	2
8	2	4	6	3	5	9	1	7
7	3	5	9	2	1	6	8	4

No. 282

1	2	6	8	4	3	7	5	9
4	3	7	2	9	5	6	1	8
5	8	9	7	1	6	4	2	3
3	1	2	9	7	4	8	6	5
9	7	5	6	8	1	3	4	2
6	4	8	3	5	2	9	7	1
8	5	3	4	2	7	1	9	6
2	6	4	1	3	9	5	8	7
7	9	1	5	6	8	2	3	4

No. 283

1	2	3	5	7	6	8	9	4
7	4	9	1	2	8	5	3	6
5	6	8	9	3	4	1	7	2
2	9	7	3	5	1	4	6	8
8	5	6	7	4	9	3	2	1
3	1	4	6	8	2	7	5	9
4	3	2	8	6	7	9	1	5
6	7	1	4	9	5	2	8	3
9	8	5	2	1	3	6	4	7

No. 284

3	1	2	6	8	4	5	9	7
5	8	7	2	3	9	1	6	4
4	9	6	7	5	1	3	2	8
2	7	5	4	9	3	6	8	1
6	4	8	5	1	2	9	7	3
1	3	9	8	7	6	4	5	2
7	6	3	9	4	8	2	1	5
8	2	4	1	6	5	7	3	9
9	5	1	3	2	7	8	4	6

No. 285

6	9	3	2	7	5	4	1	8
7	1	8	9	6	4	5	3	2
4	2	5	8	3	1	6	7	9
2	5	1	7	9	6	3	8	4
8	4	6	1	5	3	9	2	7
9	3	7	4	2	8	1	6	5
1	7	9	3	4	2	8	5	6
5	8	2	6	1	9	7	4	3
3	6	4	5	8	7	2	9	1

No. 286

6	3	8	7	2	9	4	5	1
7	9	4	5	3	1	8	2	6
5	1	2	6	8	4	9	7	3
1	4	6	8	7	3	2	9	5
3	8	5	1	9	2	7	6	4
9	2	7	4	5	6	1	3	8
4	5	1	2	6	7	3	8	9
2	6	9	3	4	8	5	1	7
8	7	3	9	1	5	6	4	2

No. 287

4	2	3	8	5	6	7	9	1
5	1	7	9	3	4	2	6	8
9	8	6	1	2	7	3	4	5
6	5	8	4	9	2	1	7	3
3	7	4	6	1	8	5	2	9
2	9	1	3	7	5	4	8	6
7	4	9	5	8	3	6	1	2
1	3	2	7	6	9	8	5	4
8	6	5	2	4	1	9	3	7

No. 288

1	2	6	3	4	7	8	9	5
7	9	4	5	8	6	3	2	1
3	5	8	2	1	9	6	4	7
9	6	7	4	2	3	1	5	8
8	3	1	9	6	5	4	7	2
5	4	2	1	7	8	9	6	3
4	7	9	8	3	2	5	1	6
2	1	3	6	5	4	7	8	9
6	8	5	7	9	1	2	3	4

No. 289

5	8	1	2	3	9	6	4	7
4	7	6	8	5	1	3	2	9
9	2	3	4	6	7	8	1	5
1	5	8	7	9	6	2	3	4
6	3	4	5	2	8	9	7	1
7	9	2	1	4	3	5	6	8
8	4	5	3	1	2	7	9	6
2	6	7	9	8	4	1	5	3
3	1	9	6	7	5	4	8	2

No. 290

8	5	6	4	9	2	3	1	7
9	2	4	3	1	7	8	5	6
7	1	3	8	5	6	2	4	9
2	4	9	6	7	5	1	3	8
5	8	1	9	3	4	6	7	2
6	3	7	2	8	1	5	9	4
4	9	8	1	2	3	7	6	5
1	7	2	5	6	9	4	8	3
3	6	5	7	4	8	9	2	1

No. 291

3	6	7	5	1	9	2	8	4
1	2	8	4	7	3	9	6	5
4	9	5	6	8	2	7	1	3
2	4	6	9	5	7	8	3	1
5	1	9	3	2	8	4	7	6
7	8	3	1	4	6	5	9	2
8	7	1	2	3	5	6	4	9
6	5	4	7	9	1	3	2	8
9	3	2	8	6	4	1	5	7

No. 292

6	1	8	7	9	2	3	4	5
3	2	5	4	1	8	6	7	9
4	9	7	5	6	3	1	2	8
2	8	9	3	7	5	4	6	1
5	4	1	6	2	9	8	3	7
7	6	3	1	8	4	9	5	2
9	3	4	8	5	7	2	1	6
1	5	2	9	4	6	7	8	3
8	7	6	2	3	1	5	9	4

No. 293

4	5	3	6	2	7	9	8	1
6	8	1	9	3	4	5	2	7
7	2	9	8	1	5	3	4	6
9	6	8	5	7	1	2	3	4
5	3	2	4	9	6	1	7	8
1	4	7	3	8	2	6	5	9
3	9	4	2	6	8	7	1	5
2	7	5	1	4	9	8	6	3
8	1	6	7	5	3	4	9	2

No. 294

3	6	2	1	9	4	8	5	7
5	8	1	3	7	6	2	9	4
9	4	7	2	5	8	6	1	3
1	2	5	6	4	7	9	3	8
6	7	3	8	1	9	4	2	5
8	9	4	5	2	3	7	6	1
7	3	8	9	6	1	5	4	2
2	1	9	4	8	5	3	7	6
4	5	6	7	3	2	1	8	9

No. 295

7	9	6	8	1	5	3	4	2
2	4	5	9	7	3	6	1	8
1	8	3	2	6	4	7	9	5
3	7	2	4	5	8	1	6	9
8	1	4	6	3	9	5	2	7
5	6	9	7	2	1	4	8	3
9	3	8	5	4	6	2	7	1
6	2	1	3	9	7	8	5	4
4	5	7	1	8	2	9	3	6

No. 296

9	4	7	6	2	5	8	1	3
6	2	3	9	1	8	5	4	7
1	5	8	7	3	4	9	6	2
3	1	2	4	9	7	6	8	5
7	6	4	8	5	2	3	9	1
8	9	5	1	6	3	7	2	4
5	3	9	2	4	6	1	7	8
2	8	6	3	7	1	4	5	9
4	7	1	5	8	9	2	3	6

No. 297

9	8	6	7	4	1	2	5	3
2	1	3	8	5	9	7	6	4
5	7	4	2	3	6	8	1	9
6	5	8	9	1	4	3	2	7
4	2	1	3	6	7	5	9	8
7	3	9	5	2	8	1	4	6
3	6	7	1	9	5	4	8	2
8	9	5	4	7	2	6	3	1
1	4	2	6	8	3	9	7	5

No. 298

6	5	3	7	2	9	4	8	1
8	1	2	4	5	3	6	7	9
9	4	7	1	8	6	3	2	5
5	2	8	9	4	7	1	6	3
1	7	9	3	6	8	2	5	4
4	3	6	5	1	2	7	9	8
7	9	5	6	3	4	8	1	2
3	8	1	2	7	5	9	4	6
2	6	4	8	9	1	5	3	7

No. 299

8	6	9	4	3	5	1	2	7
5	3	4	1	7	2	9	8	6
1	7	2	8	6	9	5	4	3
9	1	3	6	2	8	4	7	5
7	4	8	5	9	1	6	3	2
6	2	5	3	4	7	8	1	9
2	8	1	9	5	3	7	6	4
3	9	6	7	1	4	2	5	8
4	5	7	2	8	6	3	9	1

No. 300

3	4	7	1	9	2	5	8	6
2	6	5	4	3	8	7	1	9
1	8	9	5	6	7	3	2	4
6	7	3	8	4	1	2	9	5
8	9	1	6	2	5	4	7	3
4	5	2	9	7	3	8	6	1
5	3	6	7	8	9	1	4	2
7	2	4	3	1	6	9	5	8
9	1	8	2	5	4	6	3	7

No. 301

5	8	6	4	2	3	9	7	1
9	4	3	1	7	5	2	8	6
7	2	1	6	9	8	3	5	4
6	3	8	9	1	7	4	2	5
4	7	5	3	8	2	6	1	9
1	9	2	5	6	4	7	3	8
2	5	7	8	4	9	1	6	3
8	6	4	7	3	1	5	9	2
3	1	9	2	5	6	8	4	7

No. 302

2	8	4	1	5	7	6	3	9
1	9	5	6	4	3	8	7	2
6	3	7	8	9	2	1	5	4
3	2	6	4	1	5	7	9	8
7	5	8	2	3	9	4	1	6
9	4	1	7	6	8	3	2	5
4	1	2	9	7	6	5	8	3
5	7	9	3	8	4	2	6	1
8	6	3	5	2	1	9	4	7

No. 303

9	5	8	2	4	6	7	3	1
1	6	7	8	3	5	9	2	4
3	2	4	7	1	9	6	8	5
4	9	2	1	6	8	5	7	3
6	1	5	4	7	3	2	9	8
8	7	3	5	9	2	4	1	6
5	4	1	3	2	7	8	6	9
7	3	6	9	8	4	1	5	2
2	8	9	6	5	1	3	4	7

No. 304

9	8	1	5	2	6	3	4	7
6	7	4	1	9	3	8	2	5
2	5	3	4	8	7	1	6	9
5	9	2	7	4	1	6	3	8
4	6	7	9	3	8	2	5	1
1	3	8	6	5	2	7	9	4
8	1	5	2	6	9	4	7	3
7	4	6	3	1	5	9	8	2
3	2	9	8	7	4	5	1	6

No. 305

4	5	6	2	9	7	8	3	1
2	1	8	3	4	6	7	5	9
3	7	9	1	8	5	2	6	4
1	8	2	9	3	4	6	7	5
7	4	3	6	5	2	9	1	8
6	9	5	7	1	8	4	2	3
9	2	4	5	7	1	3	8	6
5	3	7	8	6	9	1	4	2
8	6	1	4	2	3	5	9	7

No. 306

5	2	7	1	6	8	4	9	3
3	6	1	2	4	9	7	5	8
9	8	4	7	5	3	2	1	6
8	7	9	5	3	6	1	2	4
2	5	6	4	1	7	8	3	9
4	1	3	8	9	2	5	6	7
1	3	5	6	7	4	9	8	2
6	4	8	9	2	5	3	7	1
7	9	2	3	8	1	6	4	5

No. 307

4	8	6	2	9	3	1	5	7
7	1	5	8	6	4	9	2	3
3	2	9	5	7	1	6	4	8
8	9	2	4	3	6	5	7	1
1	4	3	7	2	5	8	9	6
5	6	7	1	8	9	2	3	4
9	7	1	3	5	8	4	6	2
6	3	4	9	1	2	7	8	5
2	5	8	6	4	7	3	1	9

No. 308

9	8	5	3	2	4	6	1	7
3	7	1	6	5	9	2	8	4
4	2	6	7	8	1	5	3	9
6	1	2	8	9	5	4	7	3
7	9	3	2	4	6	8	5	1
8	5	4	1	7	3	9	2	6
5	4	7	9	1	8	3	6	2
2	3	9	5	6	7	1	4	8
1	6	8	4	3	2	7	9	5

No. 309

8	4	9	5	3	1	2	7	6
1	6	7	4	9	2	5	8	3
3	2	5	7	8	6	1	4	9
7	5	8	6	1	4	9	3	2
2	3	6	9	5	8	4	1	7
9	1	4	3	2	7	6	5	8
5	8	2	1	7	9	3	6	4
4	7	1	2	6	3	8	9	5
6	9	3	8	4	5	7	2	1

No. 310

9	4	2	7	5	6	3	1	8
7	1	5	3	2	8	4	9	6
8	3	6	9	1	4	5	2	7
3	7	9	2	8	5	6	4	1
5	8	4	6	9	1	2	7	3
2	6	1	4	3	7	9	8	5
4	5	8	1	6	9	7	3	2
1	2	7	5	4	3	8	6	9
6	9	3	8	7	2	1	5	4

No. 311

3	4	1	7	2	9	8	6	5
7	6	2	8	5	1	9	3	4
9	8	5	3	4	6	7	1	2
6	5	7	9	1	8	4	2	3
4	1	8	2	3	5	6	9	7
2	3	9	4	6	7	5	8	1
1	9	4	6	7	3	2	5	8
8	2	3	5	9	4	1	7	6
5	7	6	1	8	2	3	4	9

No. 312

8	6	5	2	1	9	4	7	3
7	3	9	5	8	4	2	6	1
1	4	2	3	7	6	9	5	8
6	5	3	4	9	1	7	8	2
9	8	4	7	2	5	1	3	6
2	1	7	8	6	3	5	9	4
4	9	6	1	3	7	8	2	5
3	2	1	9	5	8	6	4	7
5	7	8	6	4	2	3	1	9

No. 313

1	4	7	8	5	9	3	6	2
8	9	3	4	2	6	1	7	5
6	5	2	1	7	3	4	8	9
9	1	5	2	6	4	8	3	7
2	8	4	5	3	7	9	1	6
7	3	6	9	1	8	5	2	4
5	6	1	3	9	2	7	4	8
3	2	8	7	4	5	6	9	1
4	7	9	6	8	1	2	5	3

No. 314

6	7	2	3	8	9	4	5	1
4	9	3	1	6	5	8	2	7
1	8	5	2	7	4	3	9	6
8	1	7	5	9	3	6	4	2
5	2	4	6	1	8	7	3	9
3	6	9	4	2	7	5	1	8
2	3	8	9	5	6	1	7	4
9	5	6	7	4	1	2	8	3
7	4	1	8	3	2	9	6	5

No. 315

8	9	1	2	3	5	6	4	7
2	5	6	4	1	7	8	3	9
3	7	4	8	9	6	2	1	5
9	4	3	1	2	8	7	5	6
6	2	5	3	7	4	1	9	8
1	8	7	5	6	9	3	2	4
5	3	8	7	4	2	9	6	1
7	1	9	6	5	3	4	8	2
4	6	2	9	8	1	5	7	3

No. 316

2	5	9	1	3	6	8	4	7
7	8	6	9	4	2	3	5	1
3	4	1	7	8	5	9	6	2
4	3	7	2	6	1	5	9	8
9	6	8	4	5	7	1	2	3
1	2	5	8	9	3	6	7	4
6	1	2	5	7	8	4	3	9
8	9	3	6	2	4	7	1	5
5	7	4	3	1	9	2	8	6

No. 317

6	9	5	4	8	1	2	7	3
2	8	1	7	3	6	4	9	5
4	3	7	2	5	9	6	8	1
1	6	4	8	9	5	7	3	2
8	7	9	3	6	2	1	5	4
3	5	2	1	7	4	8	6	9
7	1	8	5	2	3	9	4	6
9	4	3	6	1	7	5	2	8
5	2	6	9	4	8	3	1	7

No. 318

5	8	6	9	1	3	7	4	2
4	7	1	8	2	6	9	5	3
3	9	2	7	4	5	6	1	8
6	3	4	5	9	8	2	7	1
7	1	9	6	3	2	5	8	4
2	5	8	1	7	4	3	9	6
1	2	5	4	6	7	8	3	9
8	4	3	2	5	9	1	6	7
9	6	7	3	8	1	4	2	5

No. 319

3	6	5	2	7	9	8	1	4
1	4	7	6	5	8	3	9	2
2	9	8	1	4	3	7	6	5
6	7	4	9	3	1	2	5	8
5	2	3	7	8	6	9	4	1
8	1	9	5	2	4	6	7	3
7	8	6	4	1	2	5	3	9
9	3	1	8	6	5	4	2	7
4	5	2	3	9	7	1	8	6

No. 320

2	8	9	3	5	7	1	6	4
7	3	1	4	6	9	2	5	8
4	5	6	1	2	8	7	3	9
1	9	4	5	8	6	3	2	7
5	2	8	7	3	1	4	9	6
6	7	3	2	9	4	8	1	5
8	1	5	6	7	2	9	4	3
3	4	7	9	1	5	6	8	2
9	6	2	8	4	3	5	7	1

No. 321

8	5	3	6	1	9	7	2	4
2	4	6	7	5	3	1	9	8
7	1	9	8	4	2	5	6	3
3	7	5	9	8	4	6	1	2
6	9	8	5	2	1	3	4	7
1	2	4	3	7	6	9	8	5
5	3	1	2	9	8	4	7	6
9	8	7	4	6	5	2	3	1
4	6	2	1	3	7	8	5	9

No. 322

6	8	9	3	5	4	2	7	1
7	3	2	6	8	1	9	5	4
5	1	4	2	9	7	8	3	6
3	6	1	9	4	8	5	2	7
9	4	5	7	2	3	1	6	8
8	2	7	5	1	6	3	4	9
1	5	8	4	6	2	7	9	3
2	7	6	1	3	9	4	8	5
4	9	3	8	7	5	6	1	2

No. 323

5	8	1	6	9	4	2	7	3
3	6	7	2	1	5	9	8	4
2	4	9	7	3	8	6	5	1
9	2	6	5	7	3	4	1	8
1	7	3	4	8	2	5	9	6
4	5	8	1	6	9	7	3	2
6	3	4	8	5	7	1	2	9
8	1	5	9	2	6	3	4	7
7	9	2	3	4	1	8	6	5

No. 324

4	5	6	7	1	8	9	3	2
2	8	3	4	9	6	5	1	7
7	1	9	3	2	5	4	8	6
6	7	2	5	8	1	3	4	9
5	9	8	6	3	4	7	2	1
1	3	4	2	7	9	8	6	5
8	4	7	9	6	2	1	5	3
9	6	1	8	5	3	2	7	4
3	2	5	1	4	7	6	9	8

No. 325

6	8	4	3	7	2	5	1	9
5	9	3	6	1	8	7	2	4
1	2	7	5	4	9	3	6	8
3	6	2	1	9	7	4	8	5
7	1	8	4	5	6	9	3	2
4	5	9	2	8	3	6	7	1
9	7	1	8	6	5	2	4	3
2	4	5	7	3	1	8	9	6
8	3	6	9	2	4	1	5	7

No. 326

7	4	2	1	3	6	8	5	9
3	5	8	4	7	9	6	1	2
9	6	1	5	2	8	4	3	7
5	7	9	8	1	3	2	6	4
4	8	3	6	5	2	9	7	1
1	2	6	9	4	7	3	8	5
8	9	4	7	6	1	5	2	3
2	1	5	3	8	4	7	9	6
6	3	7	2	9	5	1	4	8

No. 327

3	2	7	9	1	6	8	4	5
1	5	4	7	8	3	2	9	6
6	8	9	2	5	4	1	3	7
7	9	8	4	6	1	5	2	3
2	6	5	8	3	7	4	1	9
4	3	1	5	9	2	7	6	8
9	7	3	1	4	8	6	5	2
5	1	2	6	7	9	3	8	4
8	4	6	3	2	5	9	7	1

No. 328

4	6	1	5	2	8	7	3	9
2	5	3	7	6	9	4	8	1
8	9	7	3	1	4	2	5	6
6	1	2	9	8	7	5	4	3
9	7	4	1	3	5	8	6	2
5	3	8	6	4	2	1	9	7
7	2	9	8	5	3	6	1	4
3	8	6	4	7	1	9	2	5
1	4	5	2	9	6	3	7	8

No. 329

3	6	5	2	4	7	1	8	9
9	8	1	5	6	3	2	7	4
4	2	7	9	8	1	3	6	5
2	7	4	6	9	5	8	1	3
6	3	8	7	1	4	5	9	2
5	1	9	8	3	2	6	4	7
8	9	2	4	5	6	7	3	1
7	4	3	1	2	8	9	5	6
1	5	6	3	7	9	4	2	8

No. 330

4	7	3	5	2	6	1	8	9
8	6	2	3	9	1	5	4	7
9	1	5	8	4	7	3	2	6
1	9	7	4	3	8	6	5	2
3	2	6	7	5	9	4	1	8
5	4	8	6	1	2	9	7	3
7	3	1	2	6	4	8	9	5
6	8	4	9	7	5	2	3	1
2	5	9	1	8	3	7	6	4

No. 331

1	6	7	4	2	3	5	8	9
3	9	5	8	7	1	2	4	6
8	2	4	9	6	5	3	7	1
9	5	2	7	4	6	8	1	3
6	7	8	1	3	2	4	9	5
4	3	1	5	8	9	7	6	2
7	1	9	2	5	4	6	3	8
5	8	3	6	9	7	1	2	4
2	4	6	3	1	8	9	5	7

No. 332

6	1	3	7	9	8	5	2	4
8	7	9	5	2	4	6	1	3
4	2	5	6	1	3	9	8	7
5	4	6	2	3	7	8	9	1
2	3	1	8	4	9	7	5	6
9	8	7	1	5	6	3	4	2
3	9	8	4	7	2	1	6	5
7	5	2	9	6	1	4	3	8
1	6	4	3	8	5	2	7	9

No. 333

1	7	3	6	9	5	2	8	4
4	2	5	8	3	7	6	9	1
6	9	8	4	2	1	7	5	3
3	5	6	2	7	4	8	1	9
2	8	9	5	1	3	4	7	6
7	1	4	9	8	6	5	3	2
5	3	2	7	6	9	1	4	8
8	4	1	3	5	2	9	6	7
9	6	7	1	4	8	3	2	5

No. 334

5	1	7	9	3	6	8	2	4
6	3	9	2	8	4	7	1	5
2	4	8	5	7	1	6	3	9
8	9	3	6	2	7	5	4	1
4	6	1	3	5	9	2	8	7
7	2	5	4	1	8	9	6	3
9	5	2	8	4	3	1	7	6
1	8	4	7	6	5	3	9	2
3	7	6	1	9	2	4	5	8

No. 335

6	7	4	5	9	1	8	3	2
8	3	5	7	6	2	9	1	4
9	1	2	3	8	4	7	5	6
3	4	8	6	5	9	1	2	7
1	2	7	4	3	8	5	6	9
5	9	6	2	1	7	3	4	8
4	6	1	8	7	5	2	9	3
7	5	3	9	2	6	4	8	1
2	8	9	1	4	3	6	7	5

No. 336

5	8	3	2	1	6	9	7	4
6	2	1	7	4	9	3	8	5
4	9	7	5	3	8	1	6	2
7	4	9	1	5	2	8	3	6
1	3	6	9	8	4	5	2	7
2	5	8	3	6	7	4	1	9
3	7	5	4	2	1	6	9	8
8	1	2	6	9	5	7	4	3
9	6	4	8	7	3	2	5	1

No. 337

3	5	1	4	8	6	7	2	9
7	4	6	9	2	3	5	8	1
8	9	2	7	5	1	6	4	3
1	7	5	6	4	2	9	3	8
9	8	3	5	1	7	2	6	4
6	2	4	3	9	8	1	7	5
2	3	8	1	7	5	4	9	6
5	6	9	2	3	4	8	1	7
4	1	7	8	6	9	3	5	2

No. 338

8	2	1	6	5	3	4	9	7
9	3	7	8	1	4	6	2	5
5	4	6	7	2	9	3	8	1
2	6	4	9	3	1	5	7	8
3	8	5	2	6	7	1	4	9
1	7	9	4	8	5	2	3	6
4	5	8	1	9	2	7	6	3
7	9	3	5	4	6	8	1	2
6	1	2	3	7	8	9	5	4

No. 339

1	7	5	3	4	9	6	2	8
6	9	2	5	7	8	4	3	1
8	4	3	2	6	1	9	7	5
9	1	4	6	5	2	3	8	7
2	8	6	7	1	3	5	9	4
3	5	7	9	8	4	1	6	2
7	6	1	8	9	5	2	4	3
4	2	9	1	3	7	8	5	6
5	3	8	4	2	6	7	1	9

No. 340

2	7	1	3	5	4	9	6	8
9	4	8	2	6	7	3	5	1
6	5	3	9	1	8	2	4	7
1	8	5	4	9	3	7	2	6
3	2	4	8	7	6	1	9	5
7	6	9	5	2	1	8	3	4
8	9	2	1	4	5	6	7	3
4	3	6	7	8	9	5	1	2
5	1	7	6	3	2	4	8	9

No. 341

8	3	5	2	9	1	7	4	6
9	7	1	5	4	6	8	2	3
2	6	4	3	7	8	5	1	9
7	2	9	1	8	4	3	6	5
1	4	3	7	6	5	2	9	8
5	8	6	9	2	3	4	7	1
4	9	8	6	5	7	1	3	2
6	1	7	8	3	2	9	5	4
3	5	2	4	1	9	6	8	7

No. 342

4	2	9	8	3	1	5	7	6
6	7	5	9	2	4	3	8	1
8	1	3	6	5	7	4	2	9
3	9	2	4	8	5	6	1	7
1	4	7	2	6	9	8	3	5
5	8	6	1	7	3	9	4	2
9	6	8	3	1	2	7	5	4
2	5	4	7	9	8	1	6	3
7	3	1	5	4	6	2	9	8

No. 343

8	4	3	2	9	6	7	1	5
2	6	1	5	7	3	4	8	9
5	9	7	8	1	4	3	2	6
6	3	5	7	8	9	1	4	2
9	7	2	6	4	1	8	5	3
4	1	8	3	2	5	6	9	7
7	8	9	4	6	2	5	3	1
3	2	6	1	5	8	9	7	4
1	5	4	9	3	7	2	6	8

No. 344

3	1	4	9	5	6	2	7	8
8	7	2	1	3	4	6	5	9
6	5	9	2	7	8	1	4	3
9	2	7	6	8	5	3	1	4
4	8	6	3	2	1	7	9	5
1	3	5	4	9	7	8	2	6
2	9	1	5	6	3	4	8	7
7	4	3	8	1	9	5	6	2
5	6	8	7	4	2	9	3	1

No. 345

4	1	8	9	6	7	2	5	3
7	3	9	5	2	8	1	6	4
5	2	6	1	4	3	8	7	9
1	6	2	7	3	4	5	9	8
9	4	3	8	5	6	7	2	1
8	5	7	2	9	1	4	3	6
6	9	5	4	1	2	3	8	7
2	8	4	3	7	9	6	1	5
3	7	1	6	8	5	9	4	2

No. 346

3	6	4	1	5	2	8	9	7
8	1	5	9	7	3	6	2	4
7	2	9	8	6	4	3	1	5
2	7	8	5	4	1	9	6	3
4	9	1	3	2	6	7	5	8
6	5	3	7	8	9	1	4	2
9	4	7	6	3	5	2	8	1
5	3	6	2	1	8	4	7	9
1	8	2	4	9	7	5	3	6

No. 347

2	8	9	1	6	5	4	3	7
6	4	5	7	9	3	1	8	2
1	3	7	8	2	4	9	5	6
5	7	2	6	4	1	8	9	3
4	9	8	2	3	7	6	1	5
3	1	6	9	5	8	7	2	4
8	5	1	3	7	6	2	4	9
9	6	3	4	1	2	5	7	8
7	2	4	5	8	9	3	6	1